| 유럽 영성공동체 탐방 |

서성환 지음

| 유럽 영성공동체 탐방 |

사랑이 피워낸 꽃

서성환 지음

예영커뮤니케이션

모든 인간은 하나님의 형상을 닮은 존엄한 존재입니다. 전 세계의 모든 사람들은
인종, 민족, 피부색, 문화, 언어에 관계없이 존귀합니다. 예영커뮤니케이션은 이러한
정신에 근거해 모든 인간이 존귀한 삶을 사는 데 필요한 지식과 문화를 예수 그리스도의 사
랑으로 보급함으로써 우리가 속한 사회에 기여하고자 합니다.

사랑이 피워낸 꽃 - 유럽 영성 공동체 탐방

펴낸 날·2009년 2월 10일 | 초판 1쇄 찍은 날·2009년 2월 5일
지은이·서성환 | 펴낸이·김승태
등록번호·제2-1349호(1992. 3. 31) | 펴낸 곳·예영커뮤니케이션
주소·(136-825) 서울시 성북구 성북1동 179-56 | 홈페이지 www.jeyoung.com
출판사업부·T. (02)766-8931 F. (02)766-8934 e-mail: edit1@jeyoung.com
출판유통사업부·T. (02)766-7912 F. (02)766-8934 e-mail: sales@jeyoung.com

copyright ⓒ2009.서성환
ISBN 978-89-8350-510-1 (03230)

값 12,000원

추천의 글

모새골에서
영성과 삶을 생각하며

서성환 목사는 특별히 기독교 영성 공동체에 관심을 가지고 독일에서 선교 사역을 하면서 실제 유럽에 있는 기독교 공동체를 탐방하여 그들의 '영성과 삶'에 관해 연구를 했습니다. 금번에 서 목사가 그동안 간직했던 자료들을 정리하여 영성 공동체에 관한 책을 출간하게 된 것은 진정 기쁜 일입니다.

근래에 영성에 관한 관심이 그 어느 때보다 많은 시기에 서 목사에 의해 그것에 관한 책이 출간된 것은 참으로 다행한 일이라 생각됩니다. 영성 생활은 현실에서 '하나님과 함께 사는 삶'입니다. 기독교 역사에서 생겨난 영성 공동체에서 우리는 그 시대에서 하나님과 함께 살아간 사람들의 삶을 배울 수 있습니다. 영성 생활을 하나의 기술(kunst)

로 표현 할 때, 우리는 그 기술을 그들에게서 배울 수 있습니다. 좋은 영적 기술을 익히면 삶을 더욱 더 의미 있게 살아갈 수 있습니다.

영성 생활에 관심을 가진 분들에게 이 책이 좋은 안내서가 될 것으로 확신하며 일독을 권합니다. 다시 한 번 이 책의 출간을 진심으로 기뻐하며 아울러 서 목사에게 감사를 드립니다.

2008. 5. 23
모새골 임영수 목사

탐방에의 초대

하나님과 함께, 사람과 함께

하나님의 손을 붙잡고 하나님과 함께 사는 사람들을 찾아 나선
다는 건 너무나도 행복한 일입니다. 그것도 사랑하는 사람들과 함께 길
을 떠난다면 더욱 좋겠지요. 그리고 거기서 하나님께서 일하신 모습이
나 하나님과 함께 살아가고 있는 사람들을 만나고, 함께 간 사랑하는
사람들과 그 은총을 일부나마 체험할 수 있다면 기적 같은 축복이라 하
겠지요. 바로 땅에 있는 하나님 나라를 맛보는 것이니까요.

이 책은 사랑하는 사람들과 함께 누린 축복의 기록이라 하겠습
니다. 우리는 유럽에 있는 여러 영성 공동체(수도원, 수도 공동체)를 탐
방하면서 참 행복했습니다. 그 행복이 나누어졌으면 좋겠습니다. 그리
고 거기에 자극과 도전을 받아 여러분이 사랑하는 사람들과 탐방에 나

서는 은총이 임했으면 좋겠습니다. 그때 이 책이 작은 길라잡이라도 되었으면 좋겠습니다.

부록으로는 개신교 수도원, 수도 공동체를 꿈꾸는 사람들이 먼저 숙고하고 다루어야 할 영역과 과제들을 주제별로 정리한 '하나의 대화의 자료'를 붙였습니다. 그리고 우리가 했던 유럽 영성 공동체와 종교개혁 사적지 탐방 일정을 일지처럼 소개했습니다. 우리 시대에 이런 영성 공동체를 이룰 꿈을 가진 사람들을 위하여 그동안의 대화와 경험을 나누고 싶었습니다.

언제 어디서나 하나님과 함께, 사람들과 함께 아름답고 행복한 삶을 꿈꾸는 모든 이들에게 하나님의 은총이 가득하기를 기도합니다. 특히 이 책을 만들어 내는 예영커뮤니케이션의 김승태 사장님도 그런 사람 중 한 분임을 간증하고 싶습니다. 그리고 우리가 탐방 여행을 잘할 수 있도록 뒤에 남아 기도로, 물질로 밀어 주셨던 사랑하는 여러 가족들께 감사드립니다. 마지막으로 우리와 함께 탐방 여행을 했고, 그리스도의 신실한 종으로 살다 갑작스레 우리 곁을 떠난 우리의 형제 고 김응창 목사님을 이 책으로 기억하고자 합니다.

평화의 섬, 선교의 바다에서
서성환 목사
예수 샬롬! 찬미 예수!

글 읽는 순서

내가 거기에 가는 이유

부끄럽지만 나는 목사로서 사는 게 힘겨울 때가 많았다. 아니 목사이기 이전에 한 인간으로 사는 게 쉽지 않았다는 말인지도 모른다. 생각해 보면 아주 어렸을 적부터 그랬던 것 같다. 처음에는 무엇 때문인지 잘 몰랐다. 그것과 정면으로 대면하는 것조차 두려워서 적당히 얼버무리기도 한 것 같다. 그렇지만 피한다고 해결되지는 않았다. 그렇게 살아가는 중에 언제부터인가 그 정체가 잡히기 시작했다. 물론 이 정체들은 지금은 넘어 선 것도 있고, 아직 진행 중인 것도 있다.

나를 힘겹게 하는 것은 사람과 부대끼는 일이었다. 특히 믿는다는 사람들 사이에서 벌어지는 치졸한 행태가 주범이었다. 세상에 완벽한 사람은 없겠지만, 변화된 삶은 물론 중생의 체험도 없어 보이는 목소리 큰 사람들과 섞여 사는 초라함이 그것이었다. 존재의 가벼움의 극치였다. 주님은 그 부족한 사람들도 다 끌어안으시지만, 나에게는 감내하기 어려운 일이었다. 경건의 모양만 있고, 능력은 없는 사람들의 행태에 소름이 끼쳤다. 견딜 수 없을 만큼 천박하게 느껴지기도 했다. 잘 이해할 수도 없고, 받아들이기도 어려웠다. 인간이 싫어지기도 했다. 그건 다른 사람들의 문제만이 아니었다. 내 자신도 그들 못지않게 속물이었던 것이다. 결국은 내 자신의 문제였다.

또 다른 것은, 교회의 부당한 제도와 어설픈 교회 생활에서 오는 것이었다. 성경과는 아주 다른 모습, 예수님과는 상관없는 교회 모습이 고통스러웠다. 주님의 몸 된 교회의 신비도 능력도 없는 그저 사람들만의 이전투구와 같은 교회 현실이었다. 주님을 잘 믿고 따르며 주님께 집중하기 보다는 오직 몸집 불리는 성장에 홀려 온갖 상술까지 동원하는 현실이 기막히고 슬펐다. 주님의 몸된 교회는 사람들이 만들어 놓은 전통과 제도와 욕심으로 인해 몸살을 앓고 있었다. 계급화와 권력화로 요지부동인, 점점 석고상처럼 굳어가는 교회를 그저 바라보며 편승해가는 무기력한 모습이 혐오스럽기도 했다. 목숨만큼이나 사랑하고 싶은 교회의 이 같은 실존은 아픔 자체였다. 그 슬픔과 아픔은 끈질겼다. 지금도 그렇다.

거기에 온갖 폭력이 난무하는 시대의 고단함 또한 큰 고통이었다. 목사로 안수 받는 것을 포기하고 싶을 만큼 괴로웠다. 그런 시대에 목사로 사는 것이 무얼 뜻하는지도 모르겠고, 목사로 살아갈 자신도 없었다. 그런 고민을 누구에게 털어 놓았더니, 육사를 졸업한 사람이 임관을 고민한다면 말이 되겠냐고 되물었다. 그분에게서 신학 교육은 안정된 직업 교육이었던 것이었다. 소명으로서의 목사와 직업으로서의 목사가 독일어로는 구분이 안 된다고 하지만, 호구지책으로 목사를 직업으로 생각하고 싶지는 않았다. 이 시대와의 불화와 갈등은 고통스러운 과정을 겪으며 목사 안수를 받은 이후로도 계속되었다.

힘겨움의 정체가 밝혀진다고 해서 바로 모든 문제가 풀리는 것은 아니다. 암중모색의 답답함은 가셔도, 현실의 무게는 그대로일 때가 많다. 오히려 더욱 고통스럽기도 하다. 모르면 희망이라도 갖지, 알고도 아무것도 할 수 없으면 좌절을 넘어 절망스럽기까지 하다. 그런 오랜 과정 속에서 본회퍼의 「신도의 공동생활」을 읽었다. 그 은혜의 충격은 대단했다. 어둠 속에서 한 줄기 빛을 본 것이다. 이어 엄두섭 목사의 「맨발의 성자, 이현필 선생전」을 접하게 되었다. 머리 위에 숯불을 쏟아 붓는 것 같았다. 지체 없이 엄두섭 목사가 수도하는 '은성수도원'을 찾아갔다. 그렇게 해서 공동체 운동과 수도원 운동을 만나게 되었다. 그들은 '하나님과 함께 사는 사람들'이었다. 에녹과 같은 사람들이라는 생각이 들었다. 에녹이 얼마나 복된 삶을 살았던가?

처음 '은성수도원'에서 머문 2박 3일은 조금은 신비하고 조금은 신기했다. 그동안 자주 찾던 기도원과는 아주 달랐다. 소원과 문제에 대한 부르짖음보다는 깊은 내면의 성찰에 더 집중하는 모습이 그렇게 느끼게 했던 것 같다. 그 후에도 나는 계속 '은성수도원'을 찾았다. 공동체 운동과 수도운동에 대한 관심도 더 많아졌다. 책도 읽고 사람도 만나고 방문도 했다. 힘겨움을 덜 수가 있었고 희망을 찾기도 했다. 공동체나 수도원을 다녀오면 시원한 생수를 마신 느낌이었다. 사막을 건너면서 오아시스에 잠깐 머무는 것 같았다. 물론 수도원이나 공동체에도 사람의 문제는 여전히 남아 있기도 했다. 이를테면 오아시스가 오염된 셈이다. 그러나 오염된 샘의 자정능력 자체가 은혜임을 알고, 그 샘의 자정능력을 믿는다면, 샘이 있다는 게 얼마나 큰 위안인지 모른다.

그러다 하나님의 발끝에 채여 독일에서 사역하게 되었다. 그때 유럽에서 많은 수도원을 만나게 되었다. 유럽의 정신사의 강을 만난 느낌이었다. 카톨릭 수도원, 수녀원이 대부분이었지만, 더러더러 개신교 수도원과 공동체도 있었다. 그들을 방문하는 일은 내게는 또 다른 의미로 다가왔다. 힘겨움의 정체가 아직도 그대로 남아 있었기 때문이다. 그럴 때 그냥 그곳에 다녀오는 것만으로 숨 쉴 수 있었다. 희망을 가질 수 있었고 새롭게 일할 수 있었다. 일전에 아주 영민한 대학생 형제가 내게 물었다. "우리 시대에서 수도원은 무슨 의미가 있는가?" 나는 이런 대답을 했다. "아무리 큰 강이라도 그 근원은 감추어진 작은 샘이다. 근원되는 샘이 다 말라버리면 큰 강도 사라질 수 있다. 근원이 되는 샘에서 계속 맑은 샘물을 강으로 흘려보내지 않는다면, 큰 강도 오염으로 죽을 수 있다. 어느 시대나 하나님께 쓰임 받은 수도원은 그 시대의 숨겨진 샘물이다. 교회라는 큰 강, 역사라는 큰 강에 생수를 공급하는 그런 샘이라고 할 수 있다."

여기 탐방하는 공동체나 수도원은 독일에서 사역하면서 자주 방문하던 개신교 신앙고백에 서 있는 수도원이나 공동체이다. 카톨릭 수도원, 수녀원도 많이 방문했지만, 어떤 교파적인 편견에서가 아니라 우리나라에 덜 소개된 개신교 수도원과 공동체를 우선 소개하고 싶어서 그렇게 했다. 그리고 이 탐방 글은 제주도에서 목회하는 젊은 목회자들과(김민, 박재홍, 신장수, 이덕희, 황호민 목사, 고 김응창 목사) 예영커뮤니케이션의 김승태 사장님과 함께한 '유럽의 영성과 역사 탐방 여행'이 계기가 되었다. 이분들과 나눈 대화와 영감이 없었다면 이 글은 쓰여지지 않고 내 안에 아직 머물고 있었을 것이다. 말하자면 이 글은 공동의 저작과도 같은 것이다. 마음으로부터 감사를 드린다. 한 가지 밝혀 둘 일은 끌뤼니, 기독교마리아자매회, 떼제공동체, 라브리, 마울브론수도원에 관한 글은 필자에게 저작권이 있음을 확인받고 "영성의 샘"이라는 잡지에 연재된 것을 대폭 수정 보완한 것이다.

아무쪼록 이 작은 탐방 글이 목마름을 느끼는 사람들에게 작은 샘물이라도 되었으면 하는 욕심을 부려 본다. 그 샘물을 맛보고 우리 시대에 샘물이 되어줄 영성적 거목이 자라날지 누가 알겠는가? 엎드려 기도할 뿐이다.

폐허 위에 부는 바람

끌뤼니수도원, 그 폐허의 영성

1. 그 폐허에 가는 이유

"그런 폐허에 가서 뭐하게요? 가시려면 떼제(Taizé)를 떠난 다음에 가시지요." 떼제(Taizé) 공동체에서 만난 한 수사 형제가 정색을 하고 말했다. 그는 그곳을 폐허라고 또렷하게 표현했다. 질책하는 말이 분명했다. 아마도 '떼제에 왔으면 떼제에 집중할 일이지 짧은 일정에 관광이나 가려느냐?'하는 뜻이었으리라. 순간 당황했다. 그러면서 자신에게 반문해 보았다. "그래, 나는 왜 그 폐허에 가려고 하는가?"

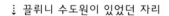
⋮ 끌뤼니 수도원이 있었던 자리

2. 세 번의 방문

　　나는 '끌뤼니(Cluny)수도원'을 이미 두 번 방문했다. 10년 전에 아내와 함께 첫 번째로 방문했다. '떼제공동체'를 찾아가다가 '끌뤼니'라는 지명을 보고 교회사에 나오는 그 '끌뤼니'인가 해서 방문했었다. 첫 번째 방문에서 받은 인상은 충격 그 자체였다. 거기에는 더 이상 '끌뤼니 수도원'은 없었다. 다만 무너진 교회 터와 그 터 위에 세워진 호텔과 다른 건물들이 있을 뿐이었다.

　　안내자의 말은 더욱 마음을 아프게 했다. "이 수도원 교회 건물은 로마의 바티칸 성당이 건축되기 전까지 전 유럽에서 가장 큰 교회 건물이었습니다. 출입구에서 제단까지의 길이가 182미터였습니다. 지금은 다 파괴되고 수도원 교회의 두 첨탑 중 오른쪽 첨탑의 일부만 남아 있을 뿐입니다. 이 수도원의 전성기에는 수도사만 2,000여 명이 생활했다고 합니다. 그러나 지금은 그 수도사들이 쓰던 방들은 프랑스 국립 종마장의 마구간으로 사용됩니다."

　　생각해 보라. 축구장 두 개의 길이와 맞먹는 교회당의 위용을! 그리고 그것이 갖는 의미를! 그런데 틀림없이 하나님께 봉헌되었을 그런 곳이 완전히 폐허가 되고, 그 폐허 위에 수도원과는 전혀 다른 일상생활을 위한 도시가 만들어지고, 심지어 마구간이 되다니! 그 충격에 빠져 그 날은 아무것도 생각할 수 없었다. 다만 그곳에서 사 온 그레고리안 찬트만이 유일한 위안이 되었다. 그 때 그 사람들도 이 노래로 하나님을 찬미했을 터이니…….

첫 번째 방문후 나는 '끌뤼니수도원'에 대해 많은 관심을 가지게 되었다. 어떻게 시작되었는지, 어떻게 그런 대 수도원이 되었는지……. 특별히 왜 그렇게 처참하게 파괴되었는지에 생각을 집중하게 되었다.

'끌뤼니수도원'은 AD 910년에 '아퀴테느의 윌리암공(William of Aquitaine)'의 승인 하에 세워졌다. 서방 세계 수도원의 모범적인 규칙인 베네딕트 수도원 회칙에 따라 철저한 수도 생활을 하며 당시 타락한 교회와 수도원, 성직 사회의 개혁을 위해 설립되었다. '끌뤼니수도원'은 이 설립 정신에 따라 수도 생활에 정진하여 중세의 교회와 수도원과 성직사회를 개혁하는 데 크게 공헌했다. 그 전성기 때는 '끌뤼니수도원'의 영향력 아래 있던 수도원이 유럽 전역에 걸쳐 1,500여 곳이나 있었다고 한다. 수많은 신실한 개혁적인 인물들을 배출해 냈고 많은 추기경과 여러 명의 교황도 배출해 내게 되었다. 그 중에 유명한 교황 그레고리 7세도 있다. 명실상부한 유럽의 정신적인 중심지로 세워지게 된 것이다. 교권(敎權)이 속권(俗權)을 완전히 누른 이 시대에 그야말로 끌뤼니는 서방 권력의 중심에 서 있었다. 그에 걸맞게 수도원의 규모도 늘어났고, 대규모 건축도 이루어졌다.

그러나 그것은 '끌뤼니수도원'에게는 결코 좋은 일만이 아니었다. 그들은 초심을 잃어 버렸다. 수도 생활의 두 축인 '기도와 노동(Ora et Labora)' 중 처음에는 노동을, 나중에는 기도를 잃어버리게 된 것이다. '끌뤼니수도원'이 유명해지자 수많은 사람들이 그들의 재산을 이 수도원에 헌납했다. 수도원이 부자가 된 것이다. 수도사들은 더 이상 노동을 할 필요가 없어졌다. 그리고 권력의 핵심에서 세상의 지식과 겨루다 보니 더 이상 기도할 수가 없었다. 수도원은 또 하나의 권력으로 껍데기만 남게 되었다. 그리고 유럽의 권력 지형의 변화에 따라 끊임없이 쇠퇴를 거듭했다. 쇠퇴해도 그들은 계속 전통에 매여 권력의 편에 섰었고, 근대 이후 성장하는 시민사회의 적으로 부각되게 되었다. 마침내 프랑스 혁명(1789년) 때 분노한 시민들에 의해 이 수도원은 제일 먼저 파괴되었고 다시 회복되지 못하고 폐허로 남게 되었다. 나폴레옹은 수도사들의 방을 종마장의 마구간으로 만들어 버렸다.

'끌뤼니수도원'에 대해 이런저런 생각을 하고 있을 때, 두 번째 방문(1995년)을 하게 되었다. 평소에 영성 운동에 지대한 관심을 가지신 은사님을 모시고 '떼제공동체'를 방문하게 되었는데, 나는 먼저 '끌뤼니수도원'을 보여 드리고 싶었다. 지금 왕성한 곳보다도 망해 버린 폐허에서 영성 운동의 본질과 갈 길을 더 잘 볼 수 있다는 믿음에서였다. 첫 번째 방문 때와는 달리 침착한 마음으로 그 모든 것을 둘러보았다. 그때 떠오르던 생각은 좀 차가운 것이었다. "교회도, 수도원도 망할 수 있다. 어떠한 영성 운동도 시작할 때가 있고 왕성할 때가 있고 쇠퇴할 때가 있다. 그때 그때 그 사명을 감당하면 될 뿐, 영성 운동 자체나 영성 공동체 자체에 연연해서는 안 된다는 생각이었다. 어찌 보면 망해야 할 것이 망하지 않는 것이 오히려 더 큰 문제로 보였다. '끌뤼니수도원'은 망해야 했기에 망했고, 폐허가 되어야 했기에 폐허가 된 것이다. 그리고 폐허가 되어서 그 사실을 말하고 있다."는 생각이었다.

그리고 세 번째 방문 후 2004년, 그러니까 첫 충격 후 꼭 10년 만에 이루어졌다. 젊은 목회자 여섯 분과 출판사 사장님 한 분이 동행했다. 10년 동안 거기에서 변한 건 아무것도 없었다. 변한 건 오히려 십년의 세월을 건너 뛴 나 자신이었다. 충격도 없이, 나름대로의 해석도 없이 담담한 마음이었다. 다만 '떼제공동체'의 그 수사 형제의 말이 머릿속에 맴돌았다. "그런 폐허에 가서 뭐 하게요?"

거기서 프랑스의 초등학교 학생 한 무리를 만났다. 역사 탐방 내지는 견학을 온 것이리라. 그들의 말을 알아들을 수 없으니 그 인솔 선생님이 이 역사적 현장을 어떻게 가르치는지 알 수가 없었지만, 그들의 표정은 매우 즐겁고 진지했었다. 그것은 무얼 말하는 것일까? 거기에는 많은 사람들이 있었다. 박물관을 보러 온 사람들이었다. 남은 한 건물에 파괴된 수도원의 잔해를 모은 '프랑스 건축 박물관'이 세워져 있었다. 건축을 공부하는 사람들은 건축 기법의 변천을 보기 위해서 꼭 들러 보아야 할 곳이라고

한다. '끌뤼니수도원'은 프랑스 건축 문화를 그대로 보여 줄 만큼 오랫동안 다양한 건축 기법으로 건설되었던 셈이다. 물론 그런 건축을 할 수 있었던 신앙적 열정과 권력과 재력이 있었음을 보여주는 모습이기도 하다.

　　이들은 이 폐허에서 무엇을 보려고 하는 것일까? 단순히 건축 양식의 변천이나 보고자 하는 것일까? 그들은 거기서 무엇을 보았을까? 무슨 생각을 했을까? 그것은 보는 사람들의 몫이라고 하겠다. 사람에 따라 보이는 것이 있고 보이지 않는 것이 있으리라. 아는 만큼만 보인다고 하지 않는가? 영적인 감수성이 없는 사람은 건축 양식 같은 것을 볼 것이고, 하나님께 마음이 열려 있는 사람은 하나님의 손길을 볼 수 있으리라. 그것이 폐허가 갖는 미학이자 교훈이다.

⋮ 수도사들이 묵었던 곳은 지금은 프랑스 국립종축장이 되었다.

3. 개혁이란 무엇일까?

끌뤼니(Cluny)는 리옹(Lyon)과 디종(Dijon) 사이에 있는 프랑스 남부의 후미진 시골에 있다. 리옹에서 북쪽으로 약 100Km, 디종에서 남쪽으로 약 100Km 사이에 위치하고 있다. 근처에 알려진 도시로는 마꽁(Macon)이 있는데, 거기서도 서쪽으로 약 20Km를 가야 한다. 그 것도 숲 속으로 난 구불구불한 시골길을 따라 가야 한다. 요즘에야 마꽁까지 가는 큰 길이 생겨 빨리 갈 수 있지만 옛날에는 그런 산길을 마차를 타고, 혹은 걸어서 힘들게 다닐 수밖에 없는 곳이었다. 무엇이 그런 벽지에 있는 수도원을 그렇게 유명하게 만들었을까?

그건 '개혁'이라는 말 외에 다른 것으로는 설명할 수 없다. 개혁이란 사람들의 간절한 소망을 담고 있을 때에만 성공할 수 있다. 그 소망은 새로운 세계에 대한 절절한 그리움 같은 것이다. '지금 이대로는 안된다.'라는 강력한 공감대가 그것을 뒷받침하고, 그 열망을 담아낼 솔선수범하는 신실한 사람들에 의해서 진행된다. 당시 교회와 성직 사회, 수도원은 말할 수 없이 타락해 있었다. 서방에서 힘의 평화와 질서를 부여해 온 로마 제국이 멸망한 후, 유럽에 새로운 봉건 질서가 세워지는 수세기 동안 교회와 수도원은 자신의 길을 잃어버리고 오히려 세속 권력에 빌붙어 타락하고 망가지고 있었다. 성직자들의 부패와 타락이 극에 이르렀고, 심지어는 성직 매매와 성적 타락이 공공연하게 자행되었다.

그 때, 끌뤼니에 시대를 거슬러 참다운 신앙 생활과 순수한 주님

✧ 폐허가 된 수도원 터

✧ 폐허(주춧돌, 기둥 자리)에서

의 교회를 회복하려는 정신으로 수도원이 세워지고, 그들의 헌신에 의해 그들은 개혁이라는 시대적인 과제를 수행해 나가게 되었다. 그건 시대적 요구 속에 담겨진 하나님의 소명이었다. 거기에 그들은 진실하게 응답했다. 그들이 택한 길은 너무나도 잘 알려진 단순한 것이었다. 깊은 역사적 뿌리를 가진 베네딕트 수도원의 규칙이었다. 이 규칙의 핵심은 수도자적인 삶을 '기도와 노동(Ora et Lavora)'로 규정하고 실천하는 것이었다. 이는 '기도는 노동이고, 노동은 기도다.'로 잘 알려진 수도적인 삶의 본래 모습이었다. 누구나 알지만 아무도 실천하지 않던 것을 그들은 실천하고 나선 것이었다. 스스로를 먼저 개혁한 것이었다. 거기에 힘이 실리게 되었다. 신앙적인, 도덕적인 정당성을 확보하게 되자 그들의 개혁 사역에는 거칠 것이 없었다. 생명의 역사가 일어나는 곳에 사람들이 모이는 것은 당연한 일이었다.

그러나 그 성공 뒤에 감추어진 치명적인 위험을 그들은 보지 못한 것일까? 그들 스스로를 개혁하고 헌신하는 진정한 수도 생활을 등한히 하고, 남을 개혁하는 일에만 골몰하게 되었을 때, 그들은 쇠락의 길을 걷게 된 것이 아닐까? 노동을 잃어버리고, 기도를 잃어버린 그들에게 남는 것은 무엇일까? 진실해지고 겸손해지고 하나님의 능력을 힘입는 길을 스스로 포기하고 편안한 삶과 타협해 버린 그들은 어떤 모습이 되었을까? 남들을 개혁하겠다는 사람들이 오히려 개혁되어야 할 대상으로 전락하게 된 것이었다. 하나님 앞에서 정직을 잃어버리면 모든 것을 잃어버리는 것 아닌가? 하나님의 은혜는 정직한 죄인에게 은혜가 되는 것이 아닐까? 사람들 앞에서 진실을 잃어버리면 사람에겐 무엇이 남는가?

사람들의 신뢰는 진실한 사람들에게 주어지는 훈장 같은 것이 아닐까? 그것을 잃어버리면 경건의 모양은 있으나 경건의 능력은 없는, 그야말로 개혁의 대상이 되는 것이다. 그들은 성공에 도취되어 스스로 망하는 길로 나아갔던 것이고, 돌이킬 수 있는 여러 번의 기회가 있었음에도 그들은 자신들의 업적에 안주하다가 파멸의 길을 걷게 된 것이리라.

4. 사람의 실패, 계속되는 하나님의 사역

'끌뤼니수도원'의 폐허에 서면, 예루살렘 성을 보며 울던 주님의 모습이 스쳐 지나간다. 마구간으로 변해 버린 수도사들의 거처를 지나가면 예언자들의 음성을 듣는 듯하다. 개혁이라는 말은 정치적인 말이기도 하지만, 그것이 제대로 되려면 무엇보다도 먼저 영성적인 말이어야 한다. 영성적인 내용을 갖추지 못한 개혁은 그 자체가 개혁의 대상이다. 타락해 가는 '끌뤼니수도원'에도 회생의 기회가 있었다. 권력의 중심에 서서 원성과 비난의 대상이 되어갈 때, 개혁을 요청한 사람들이 있었다. 후에 '시토수도원'을 이룬 사람들이었다. 끌뤼니에서 북쪽으로 약 100Km 떨어진 디종 근처에서 이 운동이 일어났다. '끌뤼니수도원'이 남들을 개혁하는 일에 골몰하면서 노동을 잃어버리고, 기도를 잃어가고 있을 때, 그 초심으로 돌아가자고 요구한 것이었다. 물론 받아들여지지 않았고, 그들은 '끌뤼니수도원'의 그늘을 떠나 자신들의 수도 생활을 찾아가게 되었다. 보다 엄격하게 베네딕트수도원 규칙에 따라 수도 생활에 전념하고자 했던 것이다. '시토수도원'은 크게 성장하여 오늘에 이르기까지 수도 생활을 정진하고 있다. 이런 '시토수도원'도 세월이 흘러 타성에 젖게 되자 다시 자체 개혁 운동이 일어나 '트라피스트수도원'으로 거듭나기도 했다. 끝없는 자기 개혁의 수고가 앞서야 함을 일깨워주고 있다고 하겠다.

또한 '끌뤼니수도원'의 폐허에 가면 '떼제공동체'를 생각하지 않을 수 없다. 약 10Km 떨어진 곳에 위치한 두 곳은 이런 질문을 하게 한다. "하나님은 왜 한 곳은 폐허로 만드시고, 한 곳은 일으켜 세우시는가?" '떼제공동체'를 세운 '로제(Roger)' 형제가 떼제 마을에 가기 전에 이곳 끌뤼니를 지나가지 않았을까? 틀림없이 여러 번 방문했음직한데 그때마다 그는 그 폐허를 바라보며 무슨 생각을 했을까? 실제로 '떼제공동체'가 자리를 잡아가던 1950년대에 '끌뤼니수도원'의 건물을 관리하던 프랑스 정부가 '떼제공동체'에게 "이 '끌뤼니수도원'의 건물을 무료로 인수해서 쓸 생각이 없는가?"하고 의사를 물어 왔다고 한다. 그때 '로제' 형제는 단호하고 정중하게 거절했다고 한다. 왜 '로제' 형제는 매력적일 수도 있는 그 제안을 거절했을까? 그는 그때 일을 회고하면서 이런 말을 한다고 한다. "만일 그때 그 제안을 받아들였다면 오늘의 '떼제공동체'는 없었을지도 모른다."

5. 바람의 메시지

그 폐허에 서면 프랑스 남부 부루군디 지방의 바람이 그렇게 좋을 수가 없다. '끌뤼니수도원', '시토수도원 본원', '떼제공동체'가 자리한 곳을 '부루군디' 지방이라고 한다. 그곳은 낮고 넓은 구릉과 아름다운 들판과 숲으로 채워져 있는 곳이다. 프랑스의 전설과 설화의 고향이기도 하다. 하나님께서 그런 곳에서 이런 영성적인 역사를 계속 이루어 가시는 뜻을 헤아려 보는 것도 뜻이 있으리라. "그런 폐허에 가서 뭐하게요?" 그 폐허 위에 부는 바람이 대답인지도 모른다.

⋮ 건물 밑으로 들어간 주춧돌

끌뤼니, 그 바람의 증언

나는 그 때 거기를 지나간 바람이었어요.

내가 아무리 그들의 눈물을 말리어도

그들의 눈에서는 끊임없는 눈물이 흘렀지요.

회개의 눈물이었고 감사의 눈물이었어요.

노동 같은 기도 속에 평강이 넘쳤고

기도 같은 노동 속에 기쁨이 배어 있었지요.

메마른 영에 생수의 시내가 흘렀고

황무지에서 백합이 자랐답니다.

나는 그 때 거기를 지나간 바람이었어요.

찬미 소리 아름다웠고

세련되고 휘황한 예전은 호화로웠지요.

노동하지 않는 손에서

삶의 진실과 정직이 빠져나가고

기도하지 않는 손에서

삶의 능력과 기쁨이 사라져도

아무렇지도 않게 생각하더군요.

안타까운 세월이었답니다.

나는 그 때 거기를 지나간 바람이었어요.

주님이 안 계시는 것도 모르고

아직도 자신들이 대단하다고

누구를 손 좀 봐 주어야겠다고 벼르고 있더군요.

사람들의 마음이 떠나도

그건 아무것도 아니라고

언제나 그런 일은 있었다고…

그러다가 폭풍처럼 해일처럼 그 일을 당했어요.

돌 하나도 돌 위에 남아 있지 못하게 되었답니다.

나는 지금 거기를 지나가는 바람이에요.

예나 지금이나 사람은 똑같은가?

목청껏 외치는 광야의 소리가 왜 안 들리나요?

침묵하는 돌들의 외침을 왜 보지 못하는 걸까요?

무엇에 홀려, 무엇에 사로잡혀 사는 건가요?

나는 언젠가 다시 거기를 지나갈 바람이에요.

주님 오실 때까지는

몇 번이고 거기를 지나갈 터인데

거기 사는 사람들은

그때그때 무엇을 보여 줄 것인가요?

그런 폐허는 어느 곳 보다 가장 영성적인 메시지를 들려주고 있는 지도 모른다. 들을 귀만 열려 있다면, 볼 수 있는 눈만 열려 있다면 그런 폐허에서 더 온전한 영성적인 체험을 하게 될지 누가 알겠는가? 우리 앞에 부는 바람에도 그런 영성적인 메시지가 담겨 있는 것은 아닐까?

죄인들에게 주신 하나님 나라

기독교마리아자매회, 그 회개의 영성

1. 하나님 나라의 향취

언제나처럼 방문을 마치고 돌아가는 사람들을 위해서 자매들은 노래를 불러 주었다. 사랑과 축복을 가득 담아 불러 주는 노래는 신비롭기까지 하다. 그건 하나님 나라의 향취였다. 그 노래를 들으면서 사람들은 아쉬움과 소망을 동시에 갖게 되는 것 같다. 우리도 노래를 불렀다. "우리는 서로에게 사랑이어라." 노래 내용을 독일어로 번역도 해 주었다. "Wir sind die Liebe gegeneinander." 그래도 아쉬움은 남았다. 그래서 한 마디 덧붙였다. "우리는 여러분에게서 이 땅에 있는 작은 하나님 나라를 보고 갑니다." 그 이야기를 통역을 통해 전해 들은, 이 공동체의 설립 때부터 계셨던 노(老) 자매님이 이렇게 화답해 주었다. "죄인들에게 주신 하나님 나라이지요." 큰 울림으로 남는 말이었다.

2. 하나님 나라의 열쇠

그 말 속에는 자신들의 삶이 하나님 나라임을 굳이 부인하지 않는 감사가 담겨 있었다. 그러나 자신들의 노력으로 만든 공동체가 아니라는 뜻도 분명했다. 120% 하나님의 은총으로 세워졌다는 고백이었다. 우리를 주목하지 말고 은총 주신 하나님만 바라보라는 권면이었다. 하

＊ 필자 일행에게 마리아자매회를 소개하고 있는 자매들

나님 앞에서 하나님 나라를 체험하면 할수록 죄인인 걸 더 깊이 깨닫
게 되는 진리를 간증하고 있었다. 또 하나님 나라는 자신이 죄인임도 숨
기고 가릴 필요가 없는 용서받은 자유가 숨쉬고 있음을 입증하는 말이
었다. 입만 열면 '하나님' 운운하는 이야기와는 사뭇 달리 들렸다. 그냥
해보는 '죄인'이라는 말이 아니었다. 그들의 삶이 담겨있었다. 삶의 진정
성이 배여 있었다.

　　독일 프랑크푸르트(Frankfurt) 남쪽 약 30Km, 다름슈타트
(Darmstadt)에 있는 '기독교마리아자매회(Evangelische Marien-
schwesternschaft)'는 그런 모습으로 서 있다. 그들은 그곳을 '가나안

(Kanaan)'이라고 부른다. 그곳에는 세계 20여 개국에서 온 120명 정도의 개신교 독신 자매들이 함께 산다. 결혼은 했었지만 이러저러한 상황 속에서 중도에 하나님의 부르심을 받은 '가시 면류관 자매들'과 '가나안 프란시스칸 형제들'도 함께 산다. 그곳은 카톨릭 수녀원이 아니다. 그래서 개신교인들에게는 오히려 낯선 곳이기도 하다. 개신교인들에게는 공동체적인 삶이 익숙하지 않기 때문이다. 그렇기에 오히려 개신교회의 공동체성 회복을 위해서도 참으로 소중한 곳이기도 하다.

그곳 '가나안'에 가면 우선 자매들(Schwestern)을 비롯하여 여

⋮ 가나안 입구. 독일어로 "회개하라, 천국이 가까이 왔느니라."라고 써 있다.

러 사람들을 만나게 된다. 거기서 만나는 사람들은 우선 표정이 밝다. 음울하거나 칙칙하지 않다. 전혀 화장하지 않은 맨 얼굴인데 맑고 깨끗하다. 대부분의 사람들이 잃어버린 어린 아이의 순진무구한 모습으로 다가온다. 소유욕이라든지, 지배욕이라든지 하는 어떤 욕심도 느껴지지 않는다. 자매들에게서는 다른 사람을 위한 따뜻한 관심과 배려가 돋보인다. 참 자유를 누리는 사람들의 섬김 같은 것이다. 또한 그곳 '가나안'은 그지없이 평화롭다. 그리 크지 않은 땅이지만 하나님의 평화로 잘 가꾸어진 땅이다. 분명한 것은 그곳 땅이 평화롭게 가꾸어져 있어서 그 자매들이 그렇게 평화롭게 지내는 것이 아니라, 그 자매들의 평화가 그 땅을 그렇게 평화롭게 만든다는 사실이다. 아마 하나님 나라에서 만나는 사람들의 모습은 이 자매들과 같은 모습이 아닐까, 하나님 나라를 이 땅에서 경험하게 된다면 이 '가나안'의 모습이 아닐까하는 생각이 들게 한다.

⋮ 가나안 입구.

그러면 그들은 이 하나님의 나라에 어떻게 들어갔을까? 어떻게 누리며 살고 있는 것일까? 그들은 이 질문을 하게 한다. 그리고 그에 대한 분명한 고백과 간증이 준비되어 있다. 그건 '회개'이다. 그들의 가나안 정문에는 그 말씀이 큰 돌에 선명하게 새겨져 있다. "회개하라, 천국이 가까이 왔느니라(Tut Busse, das Himmelreich ist nahe,)" 그들은 이 말씀에 순종했고, 그 '회개'는 그들을 땅위에 작은 하나님 나라, '가나안'으로 이끌었다. 회개가 그 하나님 나라의 열쇠인 셈이다.

3. 회개, 새로운 세상의 관문

'회개', 그리스도인들에게 얼마나 익숙한 말인가? '교회' 또한 얼마나 자주 이 말을 외치는가? 말문을 열기만 하면 항상 '회개' 아닌가? 그런데도 왜 '회개'의 역사는 그렇게 잘 보이지 않는 것일까? "외치는 자 많건마는 생명수는 말랐어라." 찬송가 515장의 가사가 우리의 현실이 아닌가?

그들의 회개는 역사적인 현장에서 시작되었다. 제2차 세계대전이 막바지에 이를 때(1944.9.11)에 독일의 다름슈타트는 18분 간의 공습으로 거의 잿더미가 되었다. 그 속에서 먼저 회개를 위해 부름 받은 두 젊은 여성들이 있었다. 클라라 슐링크(Klara Schlink)와 에리카 마다우스(Erika Madauss)였다. 후에 마더 바실레아 슐링크(Mother Basilea

↕ 아카펠라 합창단

Schlink)와 마더 마티리아 마다우스(Mother Martyria Madauss)로 불리게 된 사람들이었다. 이들은 수년 전부터 소녀들의 성경 공부 그룹을 인도하면서 새로운 부흥이 일어나기를 기도하고 있었다. 그날 밤 그들은 삶과 죽음을 주장하는 주님과 심판자이신 하나님의 거룩하심을 만나게 되었다. 아무것도 숨길 수 없었고, 하나님의 거룩한 임재 앞에서 일상적인 기독교는 설 자리가 없었다. 그 무서운 밤에 그 성경 공부 그룹의 어린 소녀들은 주님의 빛 아래 그들의 죄를 내려놓았고, 그들은 용서를 받게 되었다. 그들은 성령님의 인도하심에 따라 회개했다. 자신의 죄와 독일 민족의 죄를 회개했다. 잿더미 속에서 새로운 삶이 싹튼 것이다. 그들은 함께 모여 살기를 원했고, 그것이 하나님의 뜻임을 확

↕ 바실레아 자매와 마다우스 자매의 묘

신하게 되었다. 그래서 1947년 3월 30일 마더 바실레아 슐링크의 부모의 집인 슈타인베르크 하우스(Steinberg Haus)에서 '기독교마리아자매회'로 정식 출범하게 되었다.

그들은 회개를 단 한 번의 것으로 생각하지 않는다. 물론 칭의(稱義)를 위한 회개는 한 번이겠지만, 성화(聖化)를 위한 회개는 매일 매 순간 모든 죄의 길에서 돌아서는 회개여야 한다고 생각한다. 그들은 함께 모여 살며 바로 이 회개의 삶을 살기로 작정한 것이다. 그들은 예수께서 주기도문에서 그렇게 간절히 "나라가 임하옵시며"라고 기도한 심정으로 죄를 회개한다. 말하자면 주님과 함께 온 하나님 나라가 내게 이루어지지 않는 것은 회개하지 않은 죄가 내게 남아 있기 때문이라고 믿는다. 그들은 회개하는 중에 하나님의 용서를 체험한다. 거기서 자신과 다른 사람을 용서하는 법을 배운다. 그러는 중에 그들 속에 하나님 나라가 임하는 것을 본다. 그들은 성령님의 도우심으로 하나님의 말씀을 의지하는 믿음으로 이러한 삶을 살아왔다. 우리는 그들의 회개하는 삶의 결과를 가나안에서 하나님 나라의 삶으로 보고 있는 것이다.

그들의 회개는 단순히 통회(痛悔)가 아니었다. 그들의 회개는 구체적인 삶 속에서 '주님의 왕권 회복 운동'이었다. 하나님 한 분만이 우리의 왕이시며 모든 것을 주관하시는 분이라는 믿음대로 사는 삶이었다. 하나님이 왕이심을 거부하는 모든 모습이 회개의 제목이었다. 이러한 삶의 영성이 형성되는 데에는 많은 시간이 필요했다. 그들은 거의 십 년 넘게 이러한 삶을 위한 고투를 치러야 했다. 그 기간 동안 그들을 붙잡아 준 말씀은 "하나님은 예와 아멘이시다. 그가 말씀하신 모든 것을

행하시는 하나님의 이름을 찬양하라."였다. 이 기간 동안 그들은 하나님만 의지하는 법을 배웠고, 그들은 언제나 선하신 하나님을 체험했다. 그들은 어떠한 기부금이나 헌금도 요청하지 않는다는 생활 수칙을 세웠다. 어떠한 보험에도 가입하지 않는다는 수칙도 세웠다. 사람들에게 빚지지 않는다는 생활 수칙도 그대로 지켜졌다. 그들은 들의 백합화와 공중의 새를 돌보시는 하나님만 믿고 의지했다. '예수 고난의 예배당' 한 구석에 설치된 모자이크는 이러한 그들의 신앙을 보여준다. "하늘 아버지께서 이 모든 것이 너희에게 있어야 할 줄을 아시느니라."

그들은 이 믿음대로 살았다. 그 기간 동안은 이 공동체의 영성적인 토대 뿐 아니라 물질적인 토대도 세워지는 기간이었다. 지금의 '가나안' 땅은 본래 20명이 넘는 소유주가 있는 땅이었다. 하나님이 그곳에 '가나안'을 세우기 원하신다는 것을 그들은 알았다. 그러나 땅 소유주들은 땅을 팔려고도 하지 않았다. 설상가상으로 다름슈타트에서는 그 한가운데로 길을 낼 계획을 가지고 있었다. 그곳에 '가나안'이 세워지는 것은 불가능해 보였다. 그러나 자매들은 하나님께서 보여 주신 비전에

⋮ 무터 하우스

Selig sind, die reines Herzens sind,
denn sie werden Gott schauen.

Selig sind die Sanftmütigen,
denn sie werden Das Erdreich besitzen.

따라 하나님을 의지하고 기도하고 회개했다. 그러는 중에 땅은 그들의 것이 되었고 시에서도 도시 계획을 철회했다.

또 이런 역사도 있었다. 그곳에 샘이 필요했다. 지질 조사 결과 그곳은 샘이 솟을 수 없는 곳으로 판명되었다. 그러나 자매들은 하나님께서 샘을 주실 줄을 믿었다. 그래서 그들은 샘에서 흘러나온 물로 만들 큰 연못의 바닥을 만들었다. 기도하고 회개하는 일이 계속되었다. 그러는 중에 샘이 터졌고 연못이 생기게 되었다. 이렇게 해서 생긴 샘이 '선하신 하나님 아버지의 샘'이고 '가나안 갈릴리 바다'이다. 이 샘과 바다는 '가나안'을 가나안답게 만드는 데 없어서는 안 될 요소가 되었다. 회개의 영성이 기적을 일구어내고, 하나님 나라를 이 땅에서 체험하며 살게 한 것이다. 그 변화의 역사를 간증하는 '가나안 갈릴리 바다' 곁의 '변화산'에 서 보면 자매들의 이런 고백이 들리는 듯하다.

Selig sind Die Friedfertigen,
sie werden Gottes Kinder heißen.

Selig sind, Die da hungert
Gerechtigkeit Denn sie

und dürstet nach der
sollen satt werden.

UND ER KAM HEIM
ZU SEINEM VATER.

45

당신은 내게

당신은 내게 산 같은 분입니다.

언제나 존재의 뿌리 되어

하찮은 것 하나 없어 온갖 것 아우르며

모든 것을 제 모습으로 세우는

오직 거기 계심으로써

말을 걸어오시는 거부할 수 없는 분입니다.

당신은 내게 강 같은 분입니다.

언제나 시간의 의미 되어

송사리 휘치는 청량한 시내로

시종을 알 수 없는 신비한 종유천으로

오직 그렇게 흐름으로써

새롭게 하시는 감당할 수 없는 분입니다.

당신은 내게 바다 같은 분입니다.

언제나 공간의 사랑 되어

하늘에 닿아 하늘 되고 바다에 닿아 바다 되고

하나에 하나 되어

오직 오롯이 일렁임으로써

은혜를 은혜 되게 하는 넉넉한 분입니다.

당신은 내게 바람 같은 분입니다.

언제나 영원의 숨결 되어

때론 실바람으로 꽃봉오리 터뜨리고

산, 강, 바다, 처지 시종에 자유로워

오직 쉼 없는 생명 호흡으로서

영생을 열어가는 거칠 것이 없는 분입니다.

DIE SCHMACH BRICHT MIR MEIN H
ICH WARTE / OB ES JEMAND JAMME
ABER ICH FINDE KEINEN.   PSALM 6

ENTEHRT IM STAUB / JEDER WURDE BERAU
ERWIRBT ER UNS DIE KRONE.

4. 예수 사랑과 말씀의 영성

거의 모든 수도원 영성의 두 축은 '예수 십자가 신앙'과 '성모 마리아 신앙'이다. '기독교마리아자매회'에게서도 십자가 신앙은 선명하다. 그들의 '가나안'에는 어디에나 예수님의 자취가 가득하다. '예수 고난의 예배당', '예수 고난의 정원', '예수 기쁨의 길', '가나안 갈릴리 바다', '가나안 다볼산', '가나안 베들레헴 아기 예수', '야곱의 샘', '예수 선포 예배당(헤랄드 예배당)'……. 자매들에게 예수님은 주님이시고, 왕이시고, 유일한 사랑이시다. 이 중에도 '예수 고난의 정원'은 그 백미라고 하겠다. 카톨릭교회의 '로사리오 기도'와 유사한 점이 있지만, '예수 고난의 정원'은 그것보다 훨씬 영성적으로 풍요롭고 자유롭게 보인다. 예수님의

⋮ 성령강림절 집회

고난 받는 모습을 한 장면 한 장면 부조로 만들고, 말씀을 새기고 묵상하며 기도할 수 있게 설치했다. 그 부조를 만든 사람이 이 자매회의 한 자매라고 하는데, 여성 특유의 섬세한 터치로 예수님의 고난을 형상화하여 보는 사람들을 주님의 고난의 현장으로 이끌어준다. 예수님께 향한 자매들의 사랑은 절대적이고, 그 헌신은 지순하다. 끊임없는 회개로 불순물을 제거하여 사랑의 평화와 거룩의 자유를 사람들에게 증거하는 것이리라. '기독교마리아자매회'의 중심적인 영성의 자리는 예수 십자가 신앙이라고 하겠다.

그런데 이 '기독교마리아자매회'의 영성에는 '성모 마리아 신앙'의 자리가 없다. 수도원이나 공동체의 영성에서 '성모 마리아 신앙'은 결코 가볍게 다룰 그런 성질의 것이 아니다. 하나님의 모성(母性)과 중보 사역에서 그만한 상징이 없기 때문이다. 혹자는 '기독교마리아자매회'에서는 마더 바실레아 슐링크와 마더 마티리아 마다우스가 그 역할을 한다고 말하기도 하지만 그런 것은 아닌 것 같다. 적어도 세계 20여 개 나라에서 온 120여 명의 여성들이 함께 모여 사는데 '성모 마리아 신앙'도 없이 어떻게 공동체를 유지할 수 있느냐는 것은 작은 문제가 아니다. 물론 '기독교마리아자매회'라는 공동체의 이름이 말해 주듯이 그들은 예수님의 어머니 마리아의 깊은 신앙과 삶을 본받으려고 한다. 그러나 '성모 마리아 신앙'은 아니다. 그런 면에서 '기독교마리아자매회'는 '성모 마리아 신앙'이 없이도(카톨릭적이 아니더라도) 어떻게 공동체적 삶이 가능한지 보여주는 특이한 예라고 하겠다. 그렇게 할 수 있는 비밀은 무엇일까?

❖ 매주일 진행되는 성찬식

그들은 처음부터 하나님의 말씀을 의지했다. 성경 공부에서 출발한 공동체였다. 마더 바실레아 슐링크도, 마더 마티리아 마다우스도 하나님의 말씀에 사로잡혔고, 하나님의 말씀에 순종하는 본을 보여주었다. 하나님의 말씀은 감성적인 면에서 접근하는 '성모 마리아 신앙'보다 더 깊이 그들을 하나님 앞으로 인도했다. 그들은 말씀대로 거룩하시고 선하

⁑ 마리아자매회의 역사 속에서 하나님께서 주신 말씀을 돌에 새겨 놓았다.

신 하나님을 만났다. 또 그들은 말씀을 통해 살아 역사하시는 하나님과 성령님의 임재를 체험했다. 말씀으로 만나고 임재하시는 하나님 앞에서 그들은 회개했고, 회개한 그들에겐 말씀의 약속대로 하나님 나라가 누려지게 되었다. 그들의 삶과 사역은 하나님의 말씀이 중심이 되었다. 주일 아침 식사 때, 식사하기 전에 먼저 말씀을 받는다. 준비된 말씀 중에서

자신이 말씀을 뽑는다. 이렇게 받은 말씀을 한 주간 또는 일평생 하나님께서 주신 하나님의 말씀으로 받고, 믿음의 분향만큼 실천하며 산다. '가나안' 정문에서 '선하신 아버지의 샘'까지 말씀 기념비가 있는데, 이는 11년 동안 받은 하나님의 말씀이자 이 자매회의 역사를 간증해 주는 말씀이다. '예수님의 정원'에는 부름에서 재림까지에 대한 찬양판이 세워져

‡ 마리아자매회의 역사를 소개한 전시물과 한국 문서들

있는데, 이 또한 하나님의 말씀이다. 이것들은 자매회의 영성적 토대라 할 수 있다. 마더 바실레아 슐링크의 수많은 저작과 그들의 찬양집은 다 말씀의 영성이 맺은 열매라고 하겠다. 이 자매회가 세계 각처에 수없이 많이 세운 말씀판과 준비된 말씀 카드는 그들의 영성적인 근원을 대변해 준다. 말씀의 영성이 그들의 삶을 그렇게 만든 것이다.

그러면서 이 말씀이 삶이 되는 구체적인 과정을 아주 현실적으로 만들었다. 예를 들면 자매들 사이에 죄로 느껴지는 일들이 있으면 해가 지도록 품고만 있지 않고, 작은 쪽지를 그 자매의 방에 전달하여 용서를 구한다. 에베소서 4장 26절 말씀인, "분을 내어도 죄를 짓지 말며 해가 지도록 분을 품지 말고"를 실천한 것이다. 이런 일화도 있다. 한 번은 두 자매 사이에 불화가 있는 중에 인쇄소에서 일을 하는 도중, 갑자기 인쇄기가 멈춰버렸다. 아무리 살펴 보고 고쳐도 기계는 작동되지 않았다. 그들은 깨닫게 되었다. 우리 사이에 회개하지 않은 죄가 있어서 이렇구나. 그 자리에서 자매들이 서로 죄를 고하며 회개한 후에야 기계가 작동하게 되었다는 것이다.

　　이렇게 말씀의 영성이 형성되는 데에는 심리학 박사인 마더 바실레아 슐링크의 심리학적 지식도 많이 영향을 미친 것으로 보인다. 그것을 입증하는 예가 있다. '기독교마리아자매회'에는 일반인에게 거의 공개하지 않는 내밀한 장소가 있다. 필자도 여섯 번이나 이 공동체를 방문했지만 그런 장소가 있다는 사실도 2004년 5월 방문 때 처음 알았다. 그곳은 아무에게도 방해받지 않는 그들만의 장소였다. 그들과 함께 살다가 먼저 하나님의 부르심을 받은 사람들의 묘도 그 안에 있다. 거기에서 그들은 무엇을 할까? 필자의 생각으로 그 장소는, 이를테면 울고 싶을 때 실컷 울 수 있는 장소가 아닌가 싶다. 인간적인 그리움이나 외로움이나 좌절감과 같이 도저히 사람에게서는 위로받을 수 없는 그런 마음을 누구의 방해도 받지 않고 쏟아 놓는 곳이리라. 인간 누구나 가질 수 있는 그런 연약한 부분을 하나님으로부터 직접 치유 받는 곳이리라.

오늘은 그저

오늘은 아무런 간구도 없이

그저 당신 앞에서

펑펑 눈물만 쏟고 싶어요.

무거운 사명도 내려놓고

그저 당신 면전에

휑그러니 앉아 있고만 싶어요.

절제의 당위도 벗어 버리고

그저 당신 발밑에

널부러져 있고만 싶어요.

자꾸 쌓여만 가는 변명과 거짓의 멍에를

훌훌 털어 버리고

그저 당신 품에 기대어 잠들고 싶어요.

더 버텨낼 것 같지 않은

꿈같은 소망과

기다림의 허기를 풀어내고

오늘은 그저

앞서 가시는 당신을

저만치 떨어져 바라보고만 싶어요.

그런 인간적인 따뜻한 배려가 있는 곳이기에 '기독교마리아자매회'는 우리에게 더욱 가까이 느껴지고, 그들이 누리는 하나님 나라가 더욱 값지게 느껴진다. 그 곳에서는 평범한 사람도 하나님 나라 소망을 다시 가지게 된다.

5. 겨울 숲의 고요 속에서 기도

'기독교마리아자매회'의 회개의 영성은 전후 독일 국민과 사회에 깊은 인상을 심어 주었다. 전후 국제 사회에서 독일의 사죄의 사신 역할도 훌륭하게 수행했다. 회개한 사람만이 용서를 구할 수 있다. 특히 유대인에게 용서를 구하고 화해를 일구어가는 데 중요한 역할을 했다. 1955년에 이스라엘에 가서 회개를 통해 유대인을 섬겼는데 그 열매가 아브라함의 집(1961년)이다. 우리가 방문했을 때 일본인 자매는 일제강점기의 역사를 되새기면서 우리에게 진심으로 용서를 구했다. 진정으로 회개한 사람의 진정성을 느낄 수 있었다. 우리는 함께 일본과 한국의 참다운 화해를 위해 기도했고, 일본의 복음화를 위해서 간절히 기도했다.

1959년 마더 바실레아 슐링크는 모리아 산에서 이삭 체험을 했다고 한다. "가나안보다 하나님을 더 사랑하는 줄 알았다."라는 하나님의 말씀을 받은 것이다. 이어 1963년 시내산 방문에서 세계 사역의 비

DER TOD IST VERSCHLUNGEN IN DEN SIEG.
TOD WO IST DEIN STACHEL? HÖLLE/WO IST DEIN SIEG?
GOTT ABER SEI DANK/DER UNS DEN SIEG GEGEBEN
HAT DURCH UNSERN HERRN JESUS CHRISTUS.

전을 보았고, 1980년대부터 적극적으로 실천하여 자매회 자녀의 절반을 외국으로 보냈다. 그들은 본부의 도움 없이 그 나라에서 하나님을 의지하고 살았다. 하나님은 이런 헌신에 대한 보상으로 수많은 나라에서 많은 자매들을 보내 주셨다. 그들이 50여 년간 이루어 놓은 업적은 적지 않다. 독일뿐만 아니라 세계에 회개의 영성을 심는 역할을 한 것이다. 이러한 공동체는 카톨릭과 개신교 양쪽에서 썩 환영받지 못하는 독자적인 형태를 가졌지만, 이런 공동체의 회개와 회개의 열매까지 부인할 수는 없다.

현재 '기독교마리아자매회'에는 겨울 숲의 고요가 있다. 기다림의 시간이다. 이 공동체를 세우고 이끈 마더 바실레아 슐링크(2001년)와 마더 마티리아 마다우스(1999년)가 모두 하나님의 부르심을 받았기 때문이다. 그들은 지금이 새로운 리더십을 세우고 하나님의 뜻을 기다리는 기간이라고 한다. 그들은 그들의 영적 어머니들의 유산인 "하나님이 두 번 말씀하게 하지 말라."는 정신에 따라 순종하기를 준비하고 기다리며 쉼 없이 일하고 있는 것이다. 새로운 시대를 감당할 리더십이 잘 형성되어 계속해서 맑고 깨끗한 영성으로 하나님 나라를 이 땅에서 증거하는 공동체가 되기를 기도한다.

화해의 희망, 그 씨앗이 자라는 곳

떼제공동체, 화해의 영성

↕ 오전 집회

1. 행복한 시간

"제 머리에 손을 얹고 축복 기도를 해 주세요." 저녁 기도회가 끝난 후 예배당 안에서 약 한 시간 동안 둘러 앉아 격의 없는 대화를 나눈 뒤 로제 원장이 우리 일행들에게 한 말이다. 그냥 하는 말이 아니라 간청이었다. 순간 우리는 당황했다. 세계적인 영적 지도자가 처음 만난 방문객들에게 이런 간청을 하다니. 그러나 로제 원장은 이미 조용히 눈을 감고 안수 기도를 기다리고 있었다. 도저히 거절할 수 없었다. 그래서 우리 일행 중에 가장 연장자인 박 권사님이 로제 원장의 머리 위에 손을 얹고 간절히 기도했다. 우리 일행(목사 두 사람, 교수 한 사람)은 빙 둘러 서서 권사님의 기도를 도왔다. 거기에는 아무 장벽이 없었다. 나이의 장벽도 없었다. 우리 중에 제일 연장자가 바로 로제 원장이셨다. 성별의 장벽도 없었다. 인종의 장벽도 없었다. 교파의 장벽도 없었다. 직분의 차이도 없었고, 영적 계급 같은 건 아예 생각할 수도 없었다. 그때 우리는 성령의 하나 되게 하심을 깊이 체험했다. 아무것에도 매이지 않는 영적 자유를 만끽할 수 있었다. 우리 모두를 하나로 묶는 행복한 시간이었다.

2. 위대한 질문, 진지한 응답

1995년 떼제공동체를 두 번째 방문했을 때의 일인데 아직도 생생하다. 그때 일은 그 분에게도 큰 영감을 불러 일으켰던 것 같다. 그 날 숙소에서 잠을 청하는 데 한 수사 형제가 찾아 왔다. 로제 원장이 우리를 위해서 쓴 친필 메모를 전하기 위해서였다. 극히 이례적인 일임이 틀림없어 보였다. 불어로 쓴 메모를 그 수사 형제가 번역해 주었다. 이사하는 과정에서 그 메모를 잃어버린 게 너무나 안타깝다. 정확하게 다 기억할 수 없지만, "사랑의 길을 따라 걸어가면 어두움도 두려움도 아무 것도 막아 설 수 없다."는 내용이었다. 그건 로제 원장의 삶이었고, 그것이 '떼제공동체'를 살아가게 하는 고백이라는 생각이 들었다.

'떼제공동체(Communauté Taizé)'에 처음으로 헌신한 사람은 '로제 루이 슈츠 마르소슈'이다. 그러나 사람들은 그를 그 긴 이름으로 부르지 않는다. 그냥 '로제' 형제(Brother Roger, Frère Roger)라고 부른다. 공동체 형제들 사이에서도 원장이라는 말을 잘 쓰지 않는다. 그저 큰 형님으로 생각하고 생활한다. 이 호칭은 이 공동체의 지향점을 분명히 담지하고 있다. 로제 형제는 1915년 5월 12일 스위스 프로방스에서 태어났다. 그의 아버지는 스위스 개혁 교회 목사였고, 어머니는 프랑스 개신교회 목사의 딸이었다. 감수성이 예민한 청소년기를 거치는 동안 그는 '파스칼'과 '뽀르롸얄'의 영향을 많이 받았다. 특히 '뽀르롸얄'의 열성적인 공동생활에 매력을 느꼈다고 한다. 거기에는 어린 로제가 2남 7녀 중 막내

⋮ 떼제 마을 풍경(종탑은 떼제가 처음 시작된 교회)

였다는 사실도 한 몫 했을 듯싶다. 그는 로잔과 스트라스부르크에서 신학을 공부했다.

그는 제1차 세계대전 중에 태어났으며, 제2차 세계대전 중에 신학 공부를 마쳤다. 이 점은 그의 소명과 매우 깊은 관련이 있어 보인다. 전쟁은 그에게 위대한 질문을 하게 했다. "왜 같은 그리스도를 믿는 사람들끼리 싸우는가? 그리스도는 화해이고 평화가 아닌가?" 이 질문은 그의 외할머니에게서 비롯되었다고 한다. 주지하는 바와 같이 유럽에서는 종파별, 교파별 벽이 생각보다 훨씬 높다. 최근에야 많이 완화되어 가고 있는 듯하지만 그 뿌리 깊은 불신과 반목의 골은 여전하다. 그들은 개신교냐 카톨릭이냐?로 서로 죽이고 죽는 전쟁을 했던 사람들이

다. 교파별 차이로 상종도 하지 않던 사람들이다. 이
건 단순히 신앙상의 문제임을 떠나 민족적, 경제적
생존 여건과 맞물리면서 더욱 물러날 수 없게 만들
었다. 그리고 그런 장벽과 골을 신앙의 이름으로 강
화하고 정당화한 것이 유럽의 역사였다. 그러니 같은
예수를 믿으면서도 참혹한 전쟁은 피할 수 없었다.
그런 가운데 뼈대 있는 개신교 가문 출신인 그의 외
할머니가 카톨릭과 화해를 실천해 보였던 것이다. 이
런 모습이 어린 로제에게 많은 영향을 끼쳤음에 틀
림없다. 그의 화해에의 소명은 아주 현실적인 자리에
서 시작된 것이었다.

　　그렇지만 위대한 질문을 가진다고 해서, 곧바
로 위대한 일이 생기는 건 아니다. 젊은 로제 형제는
그 위대한 질문을 품고, 우선 아주 작고 낮은 자리
에서 자신이 헌신할 수 있는 일들부터 시작했다. 머
물 집을 구해서 다른 사람들과 더불어 침묵과 노동
속에서 가장 소중한 복음적 가치를 안고 살아가려고
작정했다. 그런 목적으로 집을 구하다가 프랑스 '끌
뤼니'에 가게 되었다. 중세 교회 개혁을 이끌었던 '끌
뤼니'수도원을 생각했던 것이 아니었나? 싶다. 거기
서 "'떼제(Taizé)'에 매매할 집이 있다."는 쪽지를 보
게 된다. 찾아가 보니 당시 '떼제'는 거의 폐허가 된

⋯ 떼제공동체의 스테인드글라스

전형적인 프랑스 시골 마을이었다. 그 집 열쇠를 맡은 할머니와 식사를 하면서 로제 형제는 그녀에게 자신의 계획 일부를 말해 주었다. 그때 할머니가 이렇게 말했다고 한다. "여기에 머무르세요. 우리는 너무 가난하고 고립되어 있어요." 로제 형제는 그 쪽지에서 하나님의 인도하심을 느꼈고, 할머니의 말 속에서 하나님의 음성을 듣는 것 같았다.

그렇게 해서 '떼제'에 머물게 된 로제 형제는 독일 치하의 프랑스에서 쫓기는 유대인을 비롯한 많은 피신자들을 돌보게 되었다. 가장 소중한 복음적 가치를 실천하며 살아가기 시작한 것이다. 그것이 1940년, 그의 나이 스물다섯 살 때이다. 그는 그곳에서 혼자서 닥치는 대로 일을 하면서 기도와 환대의 소명을 실천했다. 그건 매우 위험한 일이었다. 마침내 그 지역 누군가에게 밀고를 당해 독일 비밀경찰에 의해 집이 폐쇄되고, 로제 형제는 스위스로 추방당했다. 전쟁이 끝날 때까지 제네바에 머물면서 공부를 마치고, 거기서 여러 신앙의 동지들을 만나게 되었다. 후에 '떼제공동체'의 초석이 된 이 네 사람은 제네바에서부터 공동생활을 시작했는데, 전쟁 후에 이들은 함께 '떼제'로 돌아왔다.

이번엔 독일인 포로들에게 호의를 베풀고 전쟁 고아들을 돌보게 되었다. 그 모든 일이 힘에 부치도록 어려운 일이었다. 그러나 그들은 아주 단순한 생활 규칙을 함께 지켜가며 아름다운 공동체를 이루어 갔다. "하루하루의 일과 휴식이 하나님의 말씀으로 생기를 얻게 하십시오. 그리스도 안에 머물기 위해 모든 일에 있어서 마음의 침묵을 지키십시오. 기쁨, 단순 소박, 자비의 진복(眞福)정신으로 항상 충만하도록 하십시오." 말씀과 침묵과 진복정신으로 한 걸음씩 나아갔다. 이 생활은 지금까지 변함이 없다. 그러는 중에 1949년 부활절 아침 일곱 형제가 종신 서원을 하게 된다. "독신 생활 가운데 영적이고 물적인 모든 재화를 공유하며, 모든 형제들 가운데 '일치의 종'이 될 한 형제(원장)의 봉사를 통하여 형제애로 모인 오직 하나의 공동체 안에서 일치되어 그리스도와 함께 살아가고 섬기겠다."고 서원했다. 이로써 '떼제공동체(Communauté Taizé)'가 세워지게 된 것이다. 세 사람의 손님이 이를 지켜보았다. 로제 형제가 '떼제'에서 일을 시작한지 9년이 지난 때였다.

그들은 그들 자신이 화해라는 복음의 부름을 실현시키는 "비유", 사람들이 자신의 삶을 성찰하도록 도와주는 작은 표지가 되기를 원한다. 이것이 '떼제'의 교회 입구에 여러 나라 말로 이렇게 표현되어 있다. "만약 모든 일의 시작에 신뢰하는 마음이 자리한다면, 그리고 매일 매일이 '하나님의 오늘'이 된다면, 여기 서 있는 그대는 화해하게 될 것이고, 복음에서 기쁨과 단순 소박과 자비의 진복정신을 발견하게 될 것입니다." 그렇게 매일 매일 사람의 계획이 아니라 성령님께 귀 기울이는 순종을 통해서 '하나님의 오늘'을 살아 온 결과, 지금은 25개 나라에서 온 100여 명의 형제가 함께 하나의 '화해와 일치의 비유'로서의 공동체 삶을 살아가고 있다. 그들은 출신 나라도, 출신 종파도 다 다르다. 인종도 다양하다. 그 모든 것과의 관계를 유지하면서도 새로운 화해와 일치의 삶을 살아가고 있는 것이다.

그리고 1960년대부터 늘어나기 시작하여 방문하는 손님들이 요즈음은 매주 적게는 3,000여 명, 많게는 8,000명 정도 된다고 한다. 하루 세 번 있는 '떼제의 기도회'는 '떼제공동체 형제들의 기도회'에 손님들이 초대되어 동참하는 형식으로 진행된다. 자신들의 삶을 나누는 것이다. 한 공동체 형제의 말로는 자신들을 위해서는 좀 더 다른 방법(이를 테면 프랑스어의 아름다운 운율로 시편 기도를 드린다든가)으로 하고 싶지만, 방문하는 손님들을 위해서 자신들이 좋아하는 방법을 내려놓는다고 한다. 그 기도회에서는 모든 다양함 속에서 하나 되게 하시는 성령님의 역사를 확실하게 느낄 수 있다.

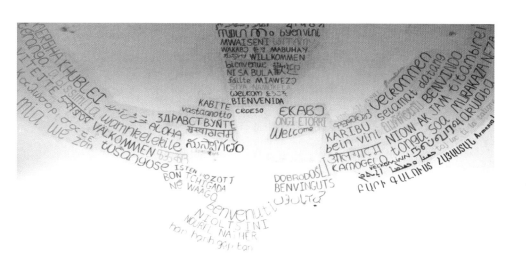

↑ 안내 접수처 앞에 세워진 환영 포스터. 각국 말로 비둘기 성령의 형태를 띄고 있다.

3. 찬미, 말씀, 기도, 묵상, 중보

손님으로 '떼제공동체'를 방문하면 우선 '떼제의 공동 기도회'에 참석하게 된다. 공동 기도회는 하루 세 번(아침, 정오, 저녁) 열린다. 매일 아침 기도회에는 성찬 나눔도 있다. 또 오전에는 성경 나눔 모임이 언어별로 모이고, 오후에는 '떼제 노래'를 배우는 시간이 있다. 저녁 기도회가 끝난 후에는 젊은이들이 자유롭게 시간을 가질 수 있는 장소가 따로 있다. 이 모임은 밤 11시까지 허용된다. 젊은이들은 대부분 천막을 가져와 야영을 한다. 나이든 사람들이나 약한 사람들은 숙소를 사용한다. 이 숙소는 우리나라 6, 70년대의 기도원 숙소와 비슷하다. 허름한 건물에 이층 침대가 여러 개 놓여 있다. 공동 기도회 외에는 자유

⁝ 유럽 각지에서 온 젊은이들이 서로 교제를 나누고 있다.

롭게 시간을 가질 수 있는데, 주로 독서를 하거나 묵상을 하거나 조용한 대화를 나눈다.

공동체의 중심에 서 있는 '화해의 교회'는 공동 기도회 시간 외에도 기도와 묵상을 위해 언제나 열려 있다. 성경 공부나 식사나 그 밖의 모임은 여러 개의 대형 천막에서 모인다. 야외에는 묵상하거나 휴식하는 이들을 위해 넓고 아름다운 정원이 가꾸어져 있다. '화해의 교회' 옆에는 공동체 형제들이 노동하여 만든 물건들을 파는 매점이 있다. 물론 공동체 형제들이 사는 집은 따로 있다. 그 곳은 그들만의 공간인데, 오후에는 그곳 정원에서 공동체 형제들이 손님을 만나 개별적으로 대화하는 시간을 가지기도 한다.

손님으로서 '떼제공동체'를 '떼제공동체'로 느끼게 해주는 것을 꼽자면 '공동 기도회'이다. '공동 기도회'는 떼제의 화해의 종소리로 시

⋮ 생 에띠엔느 호수

✿ 그룹 성경 공부

작된다. 종소리가 울리는 중에 공동체 형제들이 노동할 때 입던 평상
복을 하얀 수도복으로 갈아입고 입장을 한 후 손님들까지 자리를 잡
으면 종소리가 잦아들면서, 공동체 형제의 선창에 따라 다 함께 노래
를 부른다.

'떼제의 노래'는 대체로 라틴어 노래가 많고, 여러 나라 말로 된
노래도 있다. 이 노래의 가사는 대부분 아주 간결하다. 멜로디도 아주
쉽다. 어느 나라 사람이든 다 함께 부르기 쉽게 만든 것이다. 떼제의 노
래는 개신교회, 카톨릭교회, 정교회의 전통에서 시작하여 오랜 기간 동
안 발전을 거듭하여 오늘의 모습을 가지게 되었고, 지금도 끊임없이 새
로워지고 있다. 이 노래들의 가장 큰 특징은 그것을 반복해서 부르다
보면 자연스럽게 기도가 된다는 것이다. 기도가 될 때까지 반복해서 부

↑ 떼제공동체
토요일 저녁 집회

↑ 떼제공동체 집회. 어린이들에게 둘러싸여 있는 분이 로제 형제.

른다. 이렇게 여러 곡을 부른다. 오르간 반주로도 부르고 단순히 기타 반주만으로도 부른다.

'화해의 교회당'에 가득 찬 사람들이 함께 부르는 이 찬미는 그대로 기도가 된다. 기도를 잃어버리고 기도를 힘들어하는 사람들이 기도를 회복하는 데 많은 도움을 준다. 이 찬미 기도의 응답은 다양한 형태로 나타난다. 그 중에 제일 흔한 형태는 치유가 아닌가 한다. 다양한 상처와 아픔을 가지고 있는 사람들이 함께 찬미하고, 그 찬미가 기도가 되면서 치유 받고 위로받는 역사가 일어난다. 성령님이 오셔서 그 마음을 어루만지는 걸 느낀다. 그건 이성적으로 설명할 수도 없고 논리적인 귀결도 아니다. 성령님의 자유로운 역사이다. 치유 받지 못한 사람이 다른 사람을 받아들이고 화해한다는 것은 불가능한 일이 아닌가? 그래서

75

찬미 기도의 응답이 그렇게 임하는 것일지도 모른다.

　세상 사람들은 누구나 저마다의 아픔과 상처를 가지고 있다. 그래서 그렇게 많은 사람들이 떼제 언덕을 끊임없이 찾고 있는 것이라는 생각이 든다. 그리고 떼제의 찬미 기도는 정말 하나됨을 깊이 깨닫고 느낄 수 있게 한다. 어디에서도 맛보기 힘든 영적인 힘이 있다. 화해를 구체적으로 체험하게 된다. 화해하는 삶을 살아야겠다는 다짐을 하게 한다. 함께 부르는 단순한 노래에 이런 힘이 실리다니 놀라울 뿐이다.

　이 찬미 기도와 더불어 말씀과 묵상이 '공동 기도회'의 핵심이다. '떼제의 공동 기도회'에는 설교가 없다. 아니 설교를 할 수가 없다. 참석자들의 다양한 언어 때문이다. 그래서 '공동 기도회'에서는 약 10개국

↕ 젊은이들과 대화하는 로제 형제

언어로 성경 말씀을 읽는다. 이러한 성경 봉독이 또한 다양함 속에서 깊은 일치를 느끼게 해 준다. 그리고 그 말씀을 붙잡고 침묵 속에서 오랫동안 묵상을 한다. 처음 방문한 사람들은 이 묵상 시간을 버거워한다. 그러나 떠날 때 쯤 되면 점차 묵상의 소중함을 느끼게 된다. 이 시간은 하나님이 각자에게 말씀하시는 시간이고 그걸 듣는 시간이다. 거기서 사람들은 스스로 길을 찾게 된다.

긴 침묵의 묵상이 끝나면 대체로 '로제' 원장이 중보기도를 드린다. 프랑스어로 드리는 이 기도는 프랑스어를 전혀 모르는 사람들에게까지 깊은 인상을 준다. 그의 간절함과 진솔함이 그대로 다가온다. 그리고 다시 노래하면서 '공동체 형제들'이 퇴장하면 일단 '공동 기도회'는 끝난다. 그러나 몇몇 공동체 형제가 남아서 노래를 이끌어 준다. 사람들은 계속 노래하거나 기도하거나 흩어진다. 이런 '공동 기도회' 외에도 매주 금요일 밤 십자가 주위에서 드리는 기도회, 토요일 밤의 촛불 철야 기도회는 '떼제공동체'의 영성의 압권이라고 여겨진다.

'떼제공동체'의 '공동 기도회'에는 개신교회 예배의 말씀의 강점, 카톨릭교회 예배의 성례전의 강점, 정교회 예배의 부활 현존의 강점이 아주 잘 융합되어 있어, 어느 종파 사람이든 마음만 열려 있다면 별 거부감 없이 참여하게 된다. 이 '떼제 공동 기도회'에 함께 참석했던 나의 은사님은 마치 '샘물'을 발견한 것 같다고 했다. 실제로 '떼제공동체' 안에는 별로 눈에 띠지 않는 장소에 '영성의 샘'이 있다. 거기서 그때 이런 시상이 맴돌았다.

샘물

호젓한 산자락
온갖 시련 뚫고 터져 나와
하늘마음, 바람자유 담아
예쁜 물무늬 만드는
생명 役事

때론
목마른 산짐승들 목축이고
심술궂은 사람들 침 뱉어도
즐거움도 괴로움도
구름처럼 다 지나가는 것

오직 솟아남만으로도
넉넉한 존재의 기쁨
풍성한 현존의 생명
거기 산자락
이름 없는 샘물

뭐라 말할 수 없이 황량한 세상에 이런 샘이 있다는 건 정말 은 총이 아닐 수 없지 않은가?

그리고 '떼제공동체'를 말하자면 그들의 노동을 이야기하지 않을 수 없다. '떼제공동체'는 처음부터 기도와 노동 위에 세워졌다. '떼제공동체'는 입회에 앞서 적어도 자기 자신의 생계를 책임질 수 있는 노동력을 요구한다. '떼제공동체'는 누구에게도 기부금을 요청하지도 받지도 않는다. 유산도 받지 않는다. 노동에 의한 가난을 선택한 것이다. 공동체 형제들은 '공동 기도회' 시간 외에는 수도복을 입지 않는다. 노동할 때 불편하기 때문이다. 그렇다고 그들이 재화를 비축하기 위해서 노동하는 것은 아니다. 그들은 나누기 위해서 스스로 노동한다. 노동은 그들의 삶을 진실하게 만들고, 아무것에도 매이지 않는 자유를 누리게 한다. 신실한 노동은 '떼제공동체'를 '떼제공동체'답게 하는 잘 알려지지 않은 진실이다.

화해의 예배당 입구. 독일어로 '침묵'이라고 쓰인 팻말이 놓여져 있다.

4. 낮아짐과 자유함의 영성에서

　　'떼제공동체'는 누군가의 모범이나 모델이 되고자 하는 야심이 없다. 그들이 주축이 되어 무언가 조직하고자 하는 의도도 없다. 아무도 지배하거나 주관하려고 하지 않는다. '떼제공동체' 자체가 영원히 지속되어야 한다는 강박관념도 없다. 그들은 기쁨과 단순 소박과 자비의 삶을 통해 누려지는 참된 복을 나누고 싶을 뿐이다. 화해는 그렇게 다가오는 선물인 셈이다.

　　어찌 보면 화해 자체도 그들의 목표는 아닌 셈이다. 그래서 그들은 화해하기 위해서 협상하지 않는다. 화해는 너무나도 소중한 복음적인 가치이다. 그리스도를 믿는다고 하면서도 서로 화해하지 않는다면 어떻게 하나님의 사랑을 말할 수 있을까? '떼제공동체'는 이 소중한 화해가 자신을 나눔으로만 받을 수 있는 은혜요, 선물이라고 믿고 있는 것이다. '떼제공동체'가 누리는 화해의 참 복은 사실 '낮아짐'에서 오는 것이다. '기쁨, 단순 소박, 자비'는 십자가의 '낮아짐'이 없이는 누려질 수 없는 것이다. '떼제공동체'에서 가장 낮아진 사람은 바로 '로제' 형제이다. 그는 공동체의 모든 형제들을 섬기는 종으로 낮아져 있다.

　　이 '낮아짐'은 '자유함'으로 나아간다. 가장 낮아진 사람만이 가장 자유로울 수 있다. 자유 없는 화해는 생각할 수 없다. 만약 있다고 해도 그건 이미 화해가 아니다. 굴종이고 적당한 타협이다. 진정한 화해는 아니다. 진정한 화해가 아닌 미봉책이 진정한 화해에는 더 위협적인 것이다. '떼제공동체'는 이 점에 늘 깨어있는 것으로 보인다. 그들은 '떼제'의 시원스럽게 탁 트인 구릉을 오가는 바람 만큼 자유로워 보인다. 사심(私心) 없이 주님만을 사랑하는 자유함이 그들을 모든 것에서 자유하게 하고, 화해의 사역을 감당해 나가게 한다고 생각된다.

'떼제공동체'가 하는 모든 일들은 이 낮아짐과 자유함의 영성에서 우러나오는 듯싶다. 가장 가난하고 어렵고 힘든 지역에서 열리는 '신뢰의 순례'도 그렇게 이루어진다. 대체로 연말에 유럽의 대도시에서 열리는 '유럽 집회', 냉전시대에 열렸던 '동서의 만남' 등 세계적인 모임과 행사가 다 그렇게 이루어졌다. 이런 화해의 일을 누가 해낼 수 있을까? 주님 때문에 진실로 '낮아진 사람들', 진실로 '자유한 사람들'만이 그 일에 쓰임 받게 되는 것이 아닐까? 그런 면에서 '떼제공동체'와 그들의 삶은 '화해의 희망'이고, 그 씨앗이 자라는 곳이라고 하겠다. 그들은 가장 어렵고 고통스러운 현장에 가서 그들의 삶을 가장 겸손하게 나누는 일을 해 왔기에 그런 일이 가능한 것이리라. 이제 가장 절실하게 화해가 필요한 땅, 한반도에서 '신뢰의 순례'가 열리게 되는 날도 기다려 본다. 오래 전부터 여러 '공동체 형제들'이 이 땅에 사는 사람들의 화해를 위해 기도해 오고 있기 때문이다. 주님 안에서 함께 새 하늘과 새 땅을 바라보고 있는 것이다.

새 하늘 새 땅

한 예수 공동체를 꿈꾸며

하나님과 함께

사람들과 함께

만물들을 품 안고

하나님만이 영광 받으시는 나라,

하나님만이 주인이신 하나님 나라

예수 십자가 보혈, 부활 생명

믿음으로 열리는 은총의 세계,

하나님 사랑 정의 자유 거룩

어우러진 평화 속에 임하는 나라

거룩한 영의 충만함으로

깊고 풍성하게 누리며

모든 민족들에게 선파하며

성령의 능력 안에

말씀과 성찬의 신비 가운데

주님 우리 안에, 우리 주님 안에

영감 넘치는 언어

신기하고 놀라운 삶

사모함과 치유함,

섬김과 화해,

나눔과 하나됨

고난 중에 승리, 의와 평강과 기쁨

감사와 찬양

함께 사는 세상

온 누리 몸된 성도 공동체와 교통

더 가까이 더 온전히

소망을 드높이

주님 오실 때까지

↕ 호숫가 기도처

5. 화해의 자리에서 감사

2004년 6월에 우리는 '떼제'에서 청소년들과 축구를 했다. 그 청소년들은 모두 일주일간 '떼제공동체'에 머무는 손님들이었다. 네덜란드와 영국과 독일과 스페인에서 온 소년들과 청년들이었다. 4개국 연합팀과 축구 시합을 한 것이다. 그 중에 스페인에서 온 청년이 문제였다. 이 청년은 지난 2002년 한일월드컵 때 스페인이 한국에 억울하게 졌다고 믿고 있었다. 이 아이는 어떻게 해서든지 우리를 이겨보려고 기를 썼다. 씩씩거리면서 강한 적개심까지 보였다. 원수를 갚겠다는 그런 모습이었다. 그렇다고 적당하게 져 줄 수는 없었다. 그건 또 한번 그를 모독하는 것이라 생각했다. 비록 축구화도 없이 고무신과 샌들을 신고 뛰었지만 우리도 최선을 다했다. 그러면서 이 스페인 청년을 위로하고 그와 화해하고 싶었다. 우리들은 경기를 하면서 그를 계속 칭찬했다. 진심으로 칭찬하기를 마지않았다. 경기에서는 아마 우리가 이긴 것 같다. 그러나 경기가 끝났을 때, 그 스페인 청년은 더 이상 우리에게 적개심을 드러내지 않았다. 우리는 웃으면서 사진도 찍고 축복의 말도 나누었다. 적어도 그 청년과 우리는 화해를 한 것이다. '떼제'는 우리에게 화해의 자리였다.

그 날 저녁 '공동 기도회'에서 '로제' 형제를 먼 발치에서 보았다. 기도회를 마치고 공동체 형제들과 함께 퇴장하는 그의 모습이 예전 같지 않고 많이 쇠약해 보였다. 어린이들이 부축을 하고 있었다. 생각해 보니 그 날 기도회에서 그 분은 중보기도를 하지 않았다. 위대한 질문을 품고 자기 전존재를 걸고 진실하게 응답하며 살아왔던 그의 삶이 더 큰 무게로 다가왔다. 마음에 무언가 찡하니 울려오는 것이 있었다. '아마 작은 체구를 지닌 이 영적 거인을 이 지상에서 뵙는 것은 이게 마지막일지도 몰라.' 그러면서 많은 감사가 솟아났다. 그 중에는 스페인 청년과의 화해도 있었다. 그리고 다짐했다. '우리 모두 주님 앞에서 다시 만나게 될 때는 당신과 당신의 형제들은 같은 형제로서 우리에게 더 큰 감사가 될 것입니다.'

후기

　　2005년 8월 16일 비통한 소식이 전해졌다. '로제' 형제가 '떼제'의 '화해의 교회'에서 평소처럼 진행된 저녁 기도회 도중 어느 젊은 여인이 휘두른 칼에 찔려 서거했다는 소식이었다. 등과 목을 난자당해 병원으로 옮길 틈도 없이, 한 마디 말도 남기지 못하고 15분 만에 절명했다고 한다. 많은 사람들이 큰 충격을 받았다. 그의 죽음은 너무나도 비극적이었다. 평생을 화해와 평화를 위해 살아 온 사람이 그렇게 무참한 폭력에 쓰러지다니……. 보통 90세의 평범한 노인이 그런 죽음을 맞았다면 그건 너무나도 비참한 죽음으로 여겨진다. 그래서 많은 사람들이 미처 애도할 생각도 못할 만큼 큰 충격을 받은 것이리라.

　　그러나 다시 생각해 보니, 그의 죽음은 우리 주님의 죽음과 많이 닮아 있었다. 십자가는 극한의 폭력이고, 가장 비참한 죽음이 아닌가? 만약에 우리 주님이 천수를 누리고 오복 중의 하나라고 하는 고종명(考終命)의 죽음을 맞았다면 어찌되었을까? '로제' 형제가 편안히 침상에서 죽음을 맞이했다면 어떠했을까? 평생을 주님께서 주신 화해와 평화를 위해 살았고, 그 자신이 주님의 화해와 평화의 증거가 된 '로제' 형제, 그는 '화해의 교회'에서 화해를 위한 기도회에서 가장 원초적인 오해와 미움과 폭력에 의해 비참하게 살해 되었다. 그건 역설이었다. 십자가가 역설인 것처럼 그의 죽음도 그러했다. 그가 평생을 외쳤듯이 아직도 화해할 일이 태산 같은 현실에 그의 마지막 생명을 드려 화해의 제

↑ 로제 형제의 묘를 방문한 젊은이들

물이 된 것이 아닌가? 이런 세상에 얼마나 화해가 절실한지, 화해가 아무리 어려워도 화해를 위한 불길을 결코 꺼뜨려서는 안 될 것을, 그는 온 몸으로 증거하고 그의 사명의 길을 달려간 것이 아닌가?

로제 수사가 선종한 직후, 8월 16일 화요일 한밤중에 떼제의 형제들과 방문자들은 화해의 교회에 다시 모여 노래와 성경 낭독, 그리고 침묵으로 이루어진 기도회를 열었다고 한다. 기도회 중에 공동체의 원로인 프랑수와 수사는 짤막하게 다음과 같이 말했다.

'성경에 다음과 같은 말씀이 있습니다. "주님의 친구들의 죽음은 주님 보시기에 너무나 소중합니다." 로제 수사님의 죽음은 먼저 우리 모두에게 너무나 소중합니다. 그리고 그만큼 견디기도 어렵습니다. 죽음은 뭔가 찢겨 나가는 것과 같습니다. 그리고 폭력적인 죽음은 더욱 더 그렇습니다. 정신이상자가 이러한 일을 저질렀다 하더라도, 불공평하다는 마음을 감출 수가 없습니다. 심지어 절망마저 느끼게 합니다.

　폭력 앞에서도 우리들은 오로지 평화로밖에 대응할 수 없습니다. 로제 수사님은 단 한 순간도 이러한 믿음을 버리신 적이 없습니다. 평화는 내적으로, 그리고 외적으로 우리 존재 자체의 투신을 필요로 합니다. 그것은 우리 인격의 전부를 요구합니다. 그러니 오늘 저녁에는 서로에게 평화를 전합시다. 그리고 각자 희망에 머물 수 있도록 우리가 할 수 있는 모든 것을 합시다.

　제가 인용한 성경 말씀에 따르면 우리에게 소중한 이들의 죽음은 우리에게 뿐만 아니라, 하나님께도 소중합니다. 하나님께서는 우리의 슬픔에 동참하십니다. 그분은 우리와 함께 고통을 당하고 계십니다. 성경에서 말하는 것처럼, 하나님은 이렇게 당신 친구들의 죽음을 느끼고 계십니다.

　로제 수사님은 의심할 여지없이 하나님의 친구였습니다. 그는 처음부터 우리로 하여금 하나님께서 다음과 같이 우리를 사랑하고 계신다는 사실을 이해할 수 있도록 온갖 노력을 다 하셨습니다. 즉 끝이 없는 사랑, 그 누구도 배척하지 않는 사랑, 우리를 있는 그대로 받아들이는 사랑, 그리고 무한한 사랑이 그것입니다. 그리고 만일 이 죽음이 하나님 당신에게도 정말로 슬픔을 가져왔다면, 우리는 그동안 로제 수사님이 우리와 함께 하셨던 모든 것들에 대해 그분께 고맙고 감사한 마음을 표현하기 위해 모든 것을 다 할 것입니다.'

　이들의 믿음과 고백처럼 그의 죽음은 '떼제공동체'와 온 세상에

잊어서도, 포기해서도 안 될 화해의 소명을 각인시켜 준 것이리라. 로제 형제가 마지막으로 함께 했던 기도회에서 읽었던 말씀은 '참된 행복 선언(팔복)(마 5:1-12)'의 말씀이었다. 이 말씀처럼 그는 참된 행복을 살았고, 우리 시대에 참된 행복의 표징이 되었다. 그의 화해와 평화의 미소가 그리울 때마다, 그의 이러한 죽음은 그 사명에 부름 받은 우리 자신을 일깨워주는 '떼제공동체'의 화해의 종소리로 다가올 것이리라.

하나님의 손길이 머무는 은신처

라브리(L'Abri), 순명과 기다림의 영성

1. 침묵의 언어를 들으며

그날 '제네바(Geneve)'를 떠날 때는 날씨가 참 좋았다. 거기 가면 아름답고 장엄한 알프스의 장관을 볼 수 있으리라는 기대를 가지기에 충분했다. 그러나 '레만 호(Lac Leman)'를 끼고 '몽뜨레(Montrex)'를 지날 때 쯤 부터 비가 부슬부슬 내리기 시작했다. 아차 싶었다. 일행들에게 그곳의 아름다운 풍광을 얼마나 이야기했던가? 3000미터급 산들이 줄지어있는 '당 뒤 미디(Dants du Midi)' 산맥이 만년설을 이고 병풍처럼 둘러 있고, 그 사이로 '론 계곡(Rhone Valley)'이 어우러져 펼쳐내는 아름다움은 그 자체만으로도 사람을 압도하는 무엇이 있었다. 그런 풍광이 사람의 영성에 얼마나 영향을 미치는지에 대해서도 얼마나 많이 이야기했던가?

그런데 이러다가는 거기에서 아무것도 볼 수 없지 않을까 염려가 되었다. 마치 벼르고 벼르면서 백두산에 올랐는데 구름과 비로 아무것도 보지 못하고 내려오는 것과 같지 않을까 하는 조바심이 스쳐 지나갔다. '애글(Aigle)'을 지날 때 다시 날이 맑아져서 안심이 되었다. 그런데 막상 그곳으로 가는 산길로 접어드는 '올롱(Ollon)'을 지나기 시작하자 짙은 구름에 휩싸였다. 빗줄기도 제법 굵어졌다. 당황스러웠다. 주변 경관은 고사하고 길도 잘 보이지 않았다. 산길을 오를 때 날씨는 더욱 나빠졌다. 중앙선도 없는 좁고 가파른 산길을 구름 터널을 지나듯 그렇게 올라가야 했다. 전조등을 켜고 마주 오는 차를 조심스럽게 비켜가면서 우리는 그곳으로 가고 있었다. 기대가 무너진 아쉽고 답답한 마음이었다. 그러다 문득 오래 전에 쓴 한 편의 시가 마음에 떠올랐다.

‡ 라브리 산장 뒤 산길에서

침묵의 언어

자욱한 아침 안개
한 치 앞도 안 보이는 답답함 속에
그래도 길이 있음에 누려지는 평안함

애쓰고 부르짖어도 대답 없는 묵묵부답
하나님의 긴 쉼표, 그 막막함
낡고 부질없는 잡다한 언어 속에
제한되신 하나님, 갇혀 계신 하나님

하나님의 침묵
이 모든 것을 파기하는 그분의 은혜
오히려 침묵 속에 듣는 그분 음성
기다림 속에 깃든 심해 같은 평안함

숲,

풀,

길가 돌멩이

바람

낙엽 밟는 소리

침묵 중에 말씀하시는 그분의 언어

영원 속의 시간

시간 속의 영원

쉼표와 마침표, 그 어떤 것이든

그분에게서 온 것이어든

넘치는 영감과 분복

⬍ 한국 방문객들에게 라브리를 소개하는 모습

위안이 되었다. "한 치 앞도 안 보이는 답답함 속에 / 그래도 길이 있음에 누려지는 평안함"이라는 대목이 특히 마음에 다가왔다.

2. 하나님의 손길에 따라

프랜시스 쉐퍼(Francis A. Schaeffer)목사님 내외가 '라브리(L'Abri)'를 세워나갈 때도 정말 한 치 앞도 안 보였을지도 모른다. 그러나 거기 계시는 하나님이 예비하신 길이 있음을 믿음 안에서 평안함을 누리며 그렇게 순종했으리라. 정서적인 동질감을 느낀다는 건 아주 소중한 체험인가 보다. 생각이 여기에 미치자 날씨로 인한 마음의 불편함이나 염려가 사라졌다. 주변의 풍광은 아무러면 어떤가? 거기 배여 있는 하나님의 손길을 느낄 수 있다면 그것으로 족한 것이 아닌가? 그런 마음으로 스위스 '위에모(Huemoz)'에 있는 '라브리(L'Abri)'로 나아가고 있었다.

그런데 '라브리' 방문을 마치고 '빌라르(Villas)'를 거쳐 '인터라켄(Interlaken)'으로 가는 산악 도로를 달릴 때, 우리는 '위에모', '라브리(L'Abri)'에서 보지 못했던 알프스의 비경을 만끽할 기회를 얻었다. 아마도 한국 사람 중에 그 길을 거쳐 간 사람은 별로 없을 것 같다. 잘 알려지지도 않은 이 길을 가면서 하나님이 창조하신 한 걸작을 보며 환성을 지르며 가다 서다 했다. 도저히 차를 타고 그냥 지나갈 수가 없었다. 충분한 보상이었다. 그건 하나님의 계시적인 손길 같았다. '위에모'의 '라브리(L'Abri)'에서는 알프스의 풍광보다는 아무것도 안 보이는 순간 속에서 하나님의 손길을 보고 느끼라는 것이 아니었을까?

사실 '위에모'에 있는 '라브리'에 세 번 방문했지만 나는 '라브리'나 프랜시스 쉐퍼 목사님에 대해 잘 모른다. 내가 아는 지식은 '위에모'의 '라브리'에서 얻은 것이라기보다는 가기 전에 읽은 '에디드 쉐퍼(Edith Schaeffer)' 사모가 쓴 「라브리(박정관 옮김, 홍성사 간)」와 '라브리'에 관한 여러 저작들에서 얻은 것이다. 이것저것 잘 알지도 못하고, 잘 설명할 수는 없지만 내가 '라브리'에 세 번이나 간 것은 아마도 하나님의 손길을 느끼는 것 같은 느낌이 좋아서였는지 모른다.

'라브리(L'Abri)'를 시작한 '프랜시스 쉐퍼' 목사는 미국 복음적인 장로 교회 소속의 목사이다. 미국에서 안정된 교회를 맡은, 소위 잘나가는 목사였던 쉐퍼 목사를 이끌어 이 길로 오게 한 것이 무엇이었을까? 그건 우선 하나님의 인도하심에 순종하고자 한 순수한 믿음이었다. 교단의 유럽 교회 순방 프로그램 중에 하나님의 인도하심을 느낀 쉐퍼 목사는 가족과 함께 1948년 9월 스위스에 왔다. 목사가 된지 10년 만이었다. 그 단순한 순종에는 포기해야 할 것이 많았다. 그리고 1955년 '라브리(L'Abri)'를 설립할 때까지 많은 연단을 거치게 되었다. 하나님 외에는 아무것도 보장된 것도 없고, 의지할 것도 없는 곳에서 많은 어려움을 이겨내야 했다. 그러는 중에 하나님만 의지하는 삶을 살게 되었고, 하나님께만 순종하는 삶을 일구어내었다.

 쉐퍼 목사 가족에게는 모든 게 낯선 땅이었다. 그 낯선 땅에서 그들은 하나님의 손을 붙잡고 하나님의 살아계심을 체험하면서 살았다. 그 삶의 이야기가 '애디드 쉐퍼' 사모가 쓴 「라브리」라는 책에 아주 감동적으로 증언 되어 있다. 그걸 모두 여기에 옮길 필요는 없겠다. 다만 하나만 요약해 보겠다. 한 가지를 보면 다른 모든 걸 짐작하고도 남기 때문이다.

 1955년 그동안의 사역 경험에서 자신들의 집 이름을 '라브리(L'Abri)'라고 붙일 것을 작정하고 그 꿈을 구체적으로 순종하려고 할 때, 결정적으로 어려운 문제가 발생했다. 주정부로부터 6주 이내로 스위스를 떠나라는 통보를 받았던 것이다. 이 문제를 해결해 가는 과정에서 그들은 아주 세심한 데까지 도와주시고 인도하시는 인격적인 하나님을 체험하게 된다. 추방을 몇 시간 앞둔 시간에 오히려 나중에 '라브리'본부가 되는 '위에모'의 '낙엽송 산장'을 사게 되었다. 그런 상황이 아니었다면 생각할 수도 없는 일이었다. 그들이 그 문제를 가지고 기도하고 있을 때, 미국에 있는 한 부부가 뜻밖에 얻은 돈을 보내주었고, 이

쉐퍼 박사의 음성 자료실

런 식으로 여러 사람들이 보내 준 돈이 계약금과 정확히 일치했다. 나머지 잔금도 놀라운 방법으로 채워졌다. 하나님께 기도하면 하나님은 구체적으로 응답하셨고, 그렇게 그 문제가 해결되었다. 문제만 해결된 것이 아니었다. 그 과정을 통해서 그들의 삶에 역사하시는 하나님을 새

롭게 알게 되었고, 그것은 그들의 사역 내용과 사역 방법을 결정해 주었다. '라브리(L'Abri)'의 토대가 그렇게 확립되었다. 그건 철저한 순명과 살아계신 하나님을 향한 신뢰의 기다림이었다. 그건 힘든 순명이었고 괴롭고 답답한 기다림이었다. 그야말로 일곱 번 단련한 정금같이 사람

↕ 젊은이들의 생활 공간

도 사역도 그렇게 만들어져 갔다. 그것은 어디에서도 맛볼 수 없는 풍성한 감격이었다.

3. '라브리(L'Abri)', 도상의 집

　'라브리(L'Abri)'는 프랑스어로 '은신처'라는 뜻이다. 영적인 도움을 얻기 위해서 찾아오는 사람들을 위한 은신처라는 말이다. '빌라르'라고 하는 유명한 스키 휴양지로 가는 길목에 위치한 '위에모'라는 동네에 이 '은신처'가 있다. '위에모'는 가파른 산비탈에 자리 잡은 스위스의 전형적인 산동네이다. 다른 집하고 별반 다른 점도 없다. '라브리(L'Abri)'에 속한 집들이 그 주위에 몇 채 더 있지만 그 집들도 그냥 산동네의 집으로 지어진 집이다. 수도원이나 다른 공동체처럼 일정한 영역이나 울타리가 있는 게 아니다. '위에모'라는 작은 동네에 다른 집과 거의 차이가 없는 집들로 그들 속에 어울려 서 있다. 그저 '숨어 있다'고 해도 지나친 말이 아니다. 겉으로 드러나지 않고 숨어 있는 것이다. '은신처'라는 말이 딱 알맞지 않은가? 그리고 이 '은신처'들이 길가에 있다는 것도 의미심장하다. 이를테면 '도상(途上)의 집'인 셈이다. 게다가 아주 사는 집이 아니라 일정한 기간 머물다 가는 집이다. 인생의 힘겨운 때를 잠시 피해 왔다가 힘을 얻고 가는 그런 곳이다.

　쉐퍼 목사 내외가 하나님의 이끄심을 느끼면서 순종하여 스위스로 온 때는 제2차 세계대전이 끝난 뒤 얼마 되지 않아서였다. 전쟁의 상처에서 아직 벗어나지 못한 어려운 때였다. 전쟁은 물질적인 토대만 황폐하게 만드는 게 아니다. 믿음과 삶의 체계 전체를 파괴하기도 한다. 그런 상처는 건물을 복구하는 것보다 훨씬 어렵기 마련이다. 큰 사조의 흐름으로 볼 때, 제2차 세계대전은 인간의 정신적인 삶 속에서 '상대주의'와 '불가지론'을 만연시켰다고 하겠다. '절대 진리는 없다. 또 그런 절대 진리가 있다고 해도 알 수가 없다.' 전쟁 전에도 그러한 사조가 없었던 것은 아니었지만, 전쟁 후에는 거스를 수 없는 시대적인 흐름으로 자리 잡게 되었다.

그런 시대의 젊은이들은 길을 찾아 방황한다. 그러나 인간은 상대주의로는 채울 수 없는 영혼의 허기를 가진 존재가 아닌가? 이 목마름은 절대 진리인 하나님을 만나지 않고는 해갈되지 않는다. 쉐퍼 목사는 그렇게 생각했다. 이 배고픔과 목마름을 간직한 채 헤매는 젊은이들에게 잠시 쉬어가며, 그 기갈을 해결할 진리를 발견하도록 돕고 싶었다. 여행 중에 잠시 들르든지, 분명한 목적을 가지고 체류하든지 스스로 그 진리를 찾게 도왔다. 그런 일은 길가에 세워진 집이 제격이 아닌가? 그런 의미에서 '라브리(L'Abri)'는 학교가 아니다. 수도원도 아니다. 함께 한 집에 모여 사는 공동체도 아니다. 여러 분야에서 스탭으로 섬기는 사람들도 본부격인 '낙엽송 산장' 근처 각자의 집에서 산다. 가족도 있다. 한 목적을 가지고 서로 협력하며 한 방향으로 가고 있지만 각 가정마다 독자적인 삶을 산다.

쉐퍼 목사는 방문하는 젊은이들이 정직한 질문을 할 수 있도록 돕기 위해 애썼다. 그리고 정직한 대답을 찾는 것을 도우려고 애썼다. 물론 정직한 대답은 하나님의 말씀인 성경에 있다고 쉐퍼 목사는 믿었다. '정직한 질문에 정직한 대답'은 '라브리(L'Abri)'의 모토가 되었다. 성경에서 그것을 찾도록 많은 대화와 토론, 독서와 묵상, 그리고 노동을

하도록 도왔다. '라브리(L'Abri)'에서 머무는 사람들은 하루에 네 시간은 연구하고 네 시간은 일을 하게 되어 있다. 그 외 시간은 대화와 토론의 시간이다. 차를 마시며 밤에 벽난로 곁에서 나누는 대화는 그 백미(白眉)였다.

1993년 '라브리(L'Abri)'를 첫 번째 찾았을 때 나눈 이야기 중에 이런 이야기가 있다. 오래된 이야기라 다소 기억이 희미하지만 요지는 분명하다. 미국의 한 젊은이에게 삶의 근거에 대한 고민이 있었다. 그는 그것을 해결하려고 안 가본 데가 거의 없었다. 오랜 방황 끝에 그는 인도에 가서 스님이 되었다. 그래도 그 고민은 해결되지 않았다. 어떻게 '라브리(L'Abri)'이야기를 듣고 이 청년 스님이 '라브리(L'Abri)'를 찾아왔다. 그는 쉐퍼 목사에게 여러 가지 어려운 형이상학적 문제를 질문했다. 긴 질문을 끝까지 들은 쉐퍼 목사의 대답은 아주 간단했다. "나는 그것에 대해 모른다." '모른다'가 대답이었다. 먼 길을 찾아 온 청년 스님은 잠시 충격으로 멍해졌다. 그리고 순간 어떤 강력한 깨달음이 왔

⋮ 강의실

다. '모른다고 분명히 말할 수 있다면, 아주 분명히 아는 것도 있는 것이 아닌가?' 그리고 그도 간단하게 질문했다. "그러면 당신이 아는 것은 무엇인가?" 쉐퍼 목사는 또렷하게 대답했다. '거기 계시며 구체적으로 응답하시는 하나님'이 그의 대답이었다. 그 대답에서 그 청년 스님은 그의 모든 짐을 내려놓게 되었다. 그리고 나중에 그는 '라브리(L'Abri)'의 스탭이 되었다.

정직한 질문이란 무엇인가? 정직한 대답이란 무엇인가? 그건 지적(知的) 정직성만 이야기하는 게 아니다. 그의 전 존재를 걸 수 있는 그러한 질문과 대답이다. 질문을 명료하게 하고 정확한 대답을 찾는 일을 '라브리(L'Abri)'는 도우려고 한다. 그래서 그동안 신앙, 과학, 예술, 경영, 문명 등 수많은 분야에 약 3000여 개의 아이템을 구축했다고 들었다. 오랜 세월 동안 수많은 사람들이 '라브리(L'Abri)'를 방문하면서 제기한 질문과 그에 대한 대답을 정리해서 만든 것이다. 그래서 '라브리(L'Abri)'를 방문해서 자신의 문제나 질문을 제기하면 스스로 답을 찾을 수 있게 도우면서 그동안 축적된 대답을 참고하게 한다고 한다.

쉐퍼 목사의 수많은 저작도 이러한 정직한 질문에 대해 정직한 대답을 찾는 중에 만들어진 것이라고 하겠다. 물론 모든 방문자가 대답을 얻고 가는 것은 아니다. 신학적으로는 정통 개혁 신학의 성향을 지녔기에 보수적인 모습도 있다. 신학적인 성향이 다른 사람들을 다 감싸 안지 못하기도 한다. 그러나 자신들이 대답할 수 없는 질문은 억지로 대답하려고 하지 않는다. 질문 그대로 열어두기도 한다. 궁극적으로 대답하시는 분은 하나님이시라고 믿는 믿음에서, 그분 손에 맡기는 것이다. 그렇지만 정직한 질문을 하고 정직한 대답을 찾도록 최선을 다하여 도우려고 한다. 방문자들은 진심 어린 그들의 진정성에서도 큰 감명을 받는다. 그들의 사람을 향한 따뜻한 마음이 그들의 대답보다 중요할 때도 있는 것이다. '라브리(L'Abri)'는 지금도 질문하고 대답한다. 주님이 오실 때까지 질문과 대답의 도상(途上)에 서 있고자 하는 것이다.

4. 하나님의 실재 증명

두 번째인가 '라브리(L'Abri)'를 방문했을 때 이런 이야기를 나눈 것이 기억난다. "'라브리(L'Abri)'는 항상 열려 있지 않습니다. 방문자들을 받을만한 재정이 없으면 문을 닫습니다. 재정이 빈다는 것은 하나님께서 일하지 말고 쉬라는 뜻이겠지요. 누군가가 재정을 채워주면 일하라는 하나님의 뜻으로 알고 다시 문을 엽니다."

단기로 머무는 방문자들에게는 아무것도 받지 않는다. 2주 이상 머무는 사람들에게만 아주 실비의 식사비를 받는다. 그러니 기본적인 운영비(제세공과금, 통신료, 건물유지비, 난방비, 스탭들의 생활비 등)

는 '라브리(L'Abri)'를 알고 그 뜻에 공감하는 사람들의 기부금으로 채워진다. 그렇다고 해서 '라브리(L'Abri)'에서는 누구에게 헌금을 요청하지도 않고, 재정을 위해 어떤 행사를 기획하지도 않는다. 다만 그들의 사정을 알리는 편지를 쓰고 기도할 뿐이다. 그들은 하나님께서 보내 주시는 한도에서만 일하는 것을 철칙으로 삼는다. 사람이 하나님보다 앞서가려고 하지 않는다. 하나님이 하시는 일에 사람은 순종하고 참여할 뿐이다. 그리고 거기엔 기다림이 필요하기도 하다.

이런 영성에는 그들의 역사가 배여 있다. 정직한 질문에 정직한 대답의 핵심이 하나님의 실재였기 때문이었다. 하나님이 대답이 된다는 뜻은 하나님이 우리 삶에 실재로 계셔야 가능한 이야기이다. 하나님이 우리 삶에 실재하신다는 것은 이론이나 말로 되는 것이 아니다. 하나님이 거기 계셔서 우리의 기도를 아주 세밀하게 들으시고 구체적으로 응답하신다는 것이 실제로 삶에서 일어나지 않으면, 그건 공허한 이야기일 뿐이다.

쉐퍼 목사가 유럽으로 온 것은 오랜 기독교의 전통을 가지고 있지만 복음이 신앙이 아닌 문화가 되어버린 땅에서, 그로 인해 방황하는 사람들에게 하나님의 살아계심을 증거하는 일에 하나님이 자신을 쓰신다고 확신했기 때문이었다. 그래서 쉐퍼 목사는 아무것도 보장되지 않은 가운데서 기도를 들으시는 하나님만 의지하고 와서 하나님이 구체적으로 일하시는 모습을 증거했던 것이다.

'라브리(L'Abri)'의 영성의 두 축은 '정직한 질문에 정직한 대답'과 '삶 속에서 삶으로 하나님의 실재 증명'이다. 그리고 그 중에서도 '하나님의 실재 증명'이야 말로 '라브리(L'Abri)'를 '라브리(L'Abri)'되게 한 근원 영성이라고 하겠다. '라브리(L'Abri)'에 가보면 하나님의 손길이 배어 있지 않은 것이 없다는 것을 강력하게 느끼게 된다. 거기에 있는 '낙엽송 산장'을 비롯하여 예배당으로 쓰이는 '파렐의 집' 등 모든 것이 하나님의 직접적인 개입으로 오늘의 모습을 가지고 있는 것이다. '라브리(L'Abri)'가 거기에 있다는 것은 하나님이 우리 삶 속에 살아계신 구체적인 증거인 셈이다. 더욱이 그곳을 다녀간 사람들의 국제적인 연대는 놀라운 것이다. 일곱 개 나라에 '라브리(L'Abri)'지부가 있고, 그들을 통해 지금도 하나님이 우리 삶에 계시고, 우리의 정직한 질문에 구체적으로 대답하시고 우리의 삶의 문제를 해결해 주신다는 것을 증거하고 있다.

5. 지금도 진행되고 있는 이야기

지난 6월, 세 번째 '라브리(L'Abri)'를 방문할 때 일행이었던 박재홍 목사님이 이런 글을 남겼다.

'여러 수도 공동체와 영성 단체들을 다니면서 느낀 점들이 많았지만 저는 특히 스위스 위에모에 있는 라브리공동체에서 많은 것을 생각했습니다. 저는 라브리에 도착해서 가장 먼저 그 규모의 작음에 놀랐습니다. 책으로 보았을 때는 전체 약도를 봐서나 내용상으로 전체 면적이 넓을 것으로 생각했는데, 우리 주위에서 흔히 볼 수 있는 좀 넓게

⁝ 도서관 서가

⁝ 도서관

사는 분들의 집 정도였습니다. 그리고 또 하나는 이웃들과 동떨어져 있는 곳이 아닌, 마을의 한 부분에 있었다는 사실이었습니다. 이웃과 함께 하고 있는 것이었습니다. 이렇게 작은 곳, 아름답게만 보이지는 않는 곳에서 전 세계에 라브리라는 이름이 퍼지게 된 것은 한 곳에서 꾸준하게 하나님이 주신 소명에 응답함으로 헌신한 분이 있었기 때문에 가능한 것이었습니다. 이러한 라브리의 모습을 보면서, 저는 다시 제가 속해 있는 한국의 선교지인 제주를 생각하게 되었습니다. 그리고 비록 제가 사역하고 있는 교회가 아주 작은 교회지만 묵묵히 주어진 일에 최선을 다하며 한 사람, 한 사람을 세워 나아갈 때 하나님께서는 놀라운 역사를 이루실 수 있겠다는 확신을 가졌습니다.'

'라브리(L'Abri)'가 거기에 그렇게 있음으로 인해서 이런 일들이 생기는 것이다. 어디서나, 무엇에나 하나님의 손길이 머무는 곳에는 언제나 이런 역사가 일어나는 것이리라. 구름과 안개로 위에모 '라브리 (L'Abri)'의 아름다운 경관을 볼 수 없게 하신 것은 오직 하나님의 손길이 머문 일에 집중하도록 하신 하나님의 뜻이 아니었을까?

훈련과 자율, 인재가 자라는 곳

'마울브론수도원 학교'의 영성

1. 처음 만남, 낯익은 풍광

'마울브론수도원(Kloster Maulbronn)'을 처음 접한 것은 고등학교 1학년이었다. 중학교 3학년 때 헤르만 헤세(Hermann Hesse)의 「데미안(Demian)」을 읽었다. 그 충격은 대단했다. 그 후에 헤세의 책은 손에 잡히는 대로 읽었다. 그러다가 「지와 사랑(Narzis und Goldmund)」을 읽게 되었다. '마울브론수도원 학교(Klosterschule Maulbronn)'를 배경으로 한 이야기였다. 그때 받은 감성적인 충격은 지금도 매우 선명하게 남아 있다. 한참이나 나중에 읽은 「수레바퀴 밑에서(Unterm Rad)」, 「유리알유희(Das Glasperlenspiel)」도 '마울브론수도원 학교'에서 헤세가 체험한 이야기를 소설화한 것이었다. 그러다 고단하고 역동적인 시대에 이것 저것 바쁘게 지내는 동안 헤세도 마울브론도 다 잊고 살았다.

그러다가 독일에서 선교 사역을 하면서 수도원에 대해 더 많은 관심을 가지게 되었다. 그 동기는 매우 현실적인 것이었다. 독일에서 일하게 된 처음 몇 개월 동안 기도 생활을 잘할 수 없었다. 어느 곳에서나 나름대로 기도와 영성 생활을 할 수 있다고 생각했던 것이 무너졌다. 무엇인가에 아주 심하게 눌려 있다는 느낌을 떨쳐버릴 수가 없었다. 독일 땅 전체가 무언가에 눌려 있어 보였다. 그래서 독일의 영성에 관심을 가지게 되었다. 무언가에 눌려 있는 땅에서 그들은 어떤 영성으로 그걸 극복하고 믿음의 역사를 만들어 왔는지가 정말로 궁금했던 것이다. 그

↕ 마울브론수도원 학교를 소개한 게시물

러면서 독일 영성의 한 뿌리가 수도원에 있다는 사실을 새삼 알게 되었다. 물론 국내에 있을 때부터 수도원 운동에 대해 관심을 가졌던 것도 거기에 한 몫을 했다.

그래서 가깝게 지내는 독일 친구에게 수도원에 대해 물어보게 되었는데, 그 친구가 대뜸 수도원을 한번 방문해 보자는 것이었다. 그런 것은 책에서나 방 안에서 이야기 할 주제가 아니라 현장에서 체험하면서 이야기해야 한다는 말이었다. 그래서 가게 된 곳이 바로 '마울브론수도원'이었다. 그런데 참 이상한 노릇이었다. 처음 가보는 곳인데도 전혀

낯설지가 않았다. 아마 기억 저편에 청소년 때 읽었던 헤세의 소설에서 묘사된 그 풍광이 남아 있었던 모양이었다. 헤세는 「지와 사랑」, 「수레바퀴 아래서」에서 정말 눈에 보일 듯 그 수도원을 또렷이 그려 주었다.

2. 세 시기의 연속성과 불연속성

거기에는 소설에서 말한 '너도밤나무'가 정말로 있었다. 누군가를, 무언가를 오랫동안 기다리고 있는 듯했다. 앞으로도 계속해서 즐거운 마음으로 기다려 줄 것 같았다. 언제 그곳에 가더라도 그 나무가 있어 낯설지 않을 것 같았다. 마치 오래 자리를 잡고 있는 고향 어귀의 정자 나무와 같았다.

나무는 기다림

나무는
아무래도 기다림
한 번 뿌리 내린
언약의 땅을 떠나지 않는
믿음의 기다림.

새싹을 틔우고, 잎들을 살찌우고
낙엽을 흩뜨리고, 속살을 드러내고
나무는
거기서 있어야 할 온전한 모습
피워내려는 소망의 기다림.

포기해 본 적도, 지루해 본 적도
불평해 본 적도, 힘겨워해 본 적도 없이
나무는 존재의 메시지
생명의 언약을 언제나 새롭게 전하는
사랑의 기다림.

나무는
새들의 자유와는 또 다른 자유
존재를 존재이게 하는
기다림의 자유
그 황홀한 존재의 자유

높은 담장 사이로 그림처럼 열려 있는 수도원 문을 지나면 탁 트인 평온한 넓은 광장도 있었다. 분수대도 있었고, 앞뜰의 양쪽으로 낡고 단단한 석조 건물이 나란히 서 있었다. 수도원 교회당 현관인 파라다이스도 소설에 묘사된 모습 그대로 있었다. 아름다운 교회 문도, 익살스럽다고 말했던 뾰족한 종탑도 있었다. 예배당의 아름다운 회랑은 아름다운 예술품이었고, 십자가의 길(Kreuzgang)도 그대로 보존되어 있었다. 성직자 식당, 기도실, 담화실, 평신도 식당, 수도원장의 거처, 평신도의 예배당과 수도자들의 예배당이 그대로 있었다. 그림같이 아름다운 담장, 들창, 정원, 물레방아, 여러 건물들이 아름답게 배치되어 있었다.

첫 번째 방문에서는 그저 그 모든 것이 신기하기만 했다. 독일 친

⋮ 마울브론수도원 입구에서 가족들과 함께

구가 열심히 무언가를 설명해 주었어도 그게 귀에 들어오지 않았다. 그 후 '마울브론수도원'에 자주 가게 되었다. 다행히 집에서 약 50Km 정도 떨어져 있는 곳이라 시간이 나는 대로 가 볼 수 있었다. 점차로 그 수도원이 마음 속에 자리 잡게 되었다. 그러면서 조금씩 그 수도원의 모습이 보이기 시작했다.

먼저 역사가 보이기 시작했다. '마울브론수도원'은 오래된 역사를 간직하고 있었다. 이 장구한 역사는 1147년에 세워진 이후 세 시기로 구분할 수 있다. '시토수도회수도원(Die Zisterzienser Kloster)'으로 세워지고 수도원 영성을 품고 살았던 시기를 제1기라 할 수 있다. 종교 개혁 이후 1536년 시토수도회수도원이 폐쇄되고 1556년부터 1805년 까지 '개신교 수도원 학교(Evangelische Klosterschule)'로 변화되었던 시기를 제2기라 할 수 있고, 19세기 이후 '역사적, 문화적 기념물(Kulturdenkmal)'로 기능하면서 새로운 '개신교신학신학원(Evangelische theologische Seminar)'으로 세워져가는 오늘에 이르는 시기를 제3기라고 할 수 있다.

그러면서 그 역사를 만들어 왔던 영성의 모습이 조금씩 보이기 시작했다. 시기의 구분이 이루어진 것처럼, 그 영성의 모습은 시기에 따라 많이 달랐다. 그러한 변화와 구분은 강요된 것도 있었고, 자연스럽게 된 것도 있었다. 세 시기 사이에는 서로 연속성이 있는가 하면 불연속성도 보였다. 물론 연속성으로 보이는 것도 사실 똑같은 것은 아니다. 같아 보이는 것 중에서도 시대의 흐름과 사람의 변화가 감지되기도 한다. 더욱 중요한 것은 불연속성 속에도 내적 연대를 느낄 수 있다는 사실이

↕ 수도원 학교를 설명하고 있는 원장

다. 그 땅이 그대로 있고, 그 건물이 그대로 있고, 거기 살던 사람들의 이야기가 거기에 배어 있기 때문이다. '마울브론수도원'은 그러한 세 시기의 연속성과 불연속성의 영성 위에 서 있다고 하겠다. 먼저 우리에게 아주 가깝게 느껴지는 것부터 시작하는 것이 좋을 것 같아, 제2기, 제3기의 수도원 학교의 영성부터 다루어 보고자 한다.

3. 고 서고의 서가 사이에서

지난 2004년 6월 방문에서 우리 일행은 뜻밖에 횡재를 했다. 그렇게 여러 번 방문하는 중에도 한 번도 들어가 보지 못했던 이 수도원 학교의 내밀한 부분을 거의 다 볼 수 있었다. '토비아스 퀴엔츨렌(Ephorus Tobias Kuenzlen)' 수도원 학교 원장님이 직접 안내를 해 주었다. 성령강림절 방학 기간이라 더욱 이례적인 일이 아닐 수 없었다.

퀴엔츨렌 원장님은 처음에는 말을 붙이기가 좀 어려운 분으로 느껴졌다. 그러나 그 분 안에는 순수함과 따뜻함이 있었다. 퀴엔츨렌 원장님도 이 학교 출신이었다. 자신이 학생이었을 때 사용하던 방을 보여주면서 삼층 창문을 통해서 몰래 밤에 드나들던 이야기도 해 주었다. 물론 학칙 위반이었다. 엄한 규칙을 가진 학교에서 어떻게 그런 일이 가능했냐고 물으니까, 학생 때는 모든 일이 가능하다는 이야기도 해 주었다. 그렇게 대답하는 모습 속에 금방 개구쟁이였던 학창 시절의 모습이 스쳐 지나갔다. 이런 일화도 이야기 해 주었다. 이 학교에서는 식사 시간에 학생들과 원장이 함께한다. 원장이 가운데 앉고 학생들이 둘러앉아서 식사를 한다고 한다. 그런데 공부 잘하고 모범생인 학생은 원장님 가까이 앉도록 자리가 정해진다고 한다. 자기는 학교 다닐 때 늘 제일 끝자리에 앉았다고 했다. 모범생은 아니었던 것이다. 거기서 늘 무언가 모색하며 밥을 먹었다고 했다. 좀 반항적이고, 엉뚱하고, 자기됨을 찾아 가려던 소년의 치기 어린 모습도 그려졌다. 그런 그가 지금은 원장이 되어 학교를 이끌어 가고 있는 것이다.

원장님은 우리 일행에게 학생 식당, 학생들의 방들, 음악실, 학생 도서관, 학생들의 자유 공간, 강의실, 예배실, 종탑과 원장 집무실 등 학교에 관한 거의 모든 것을 보여 주었다. 안내하던 중에 지붕 밑으로 통하는 어느 문 앞에서 그 문 뒷면에 적혀 있는 글을 보여 주면서 일화 하나를 소개해 주었다. 독일 제3제국, 히틀러의 나찌 시절(1941년-1945년), 이 학교가 나찌에 의해 강제로 폐교가 된 적이 있었다고 한다. 학교가 폐교될 때 이 학교에 다니던 세 학생이 그 문 뒷면에다 몰래 이런 말을 적어 놓았다고 한다. '400년 된 학교를 폐교할 수 있다고 생각하다니 얼마나 어리석은가? 너희는 사라질 것이지만 우리 학교는 사라지

마울브론수도원 학교 고서가 ⋯▸

고서가의 책들 ⋯▸

지 않을 것이다.' 폐교의 부당성과 억울함을 대자보처럼 휘갈겨 쓴 것이었다. 어린 학생들이 이런 역사 의식과 저항 정신을 가졌다는 것이 얼마나 기특한가? 전쟁 후에 학교를 다시 열었을 때, 그 글과 학생들의 이야기가 알려지게 되었고 그건 그대로 이 학교의 소중한 역사와 정신이 되었다고 한다. 이제는 노인이 된 그때 그 학생들이 매년 한 차례씩 그 문 앞에 와서 자신들의 육필을 확인하고 그 때를 회상하며 학창 생활의 추억을 나누며 역사와 인생을 논한다는 이야기였다. 일종의 동창회(반창회)인 셈인데 그런 모임이 부럽기도 했다.

그리고 이 수도원 학교만이 가지고 있는 도서관을 보여 주었다. 수도원 건물의 중심 중의 중심에 거의 숨겨져 있는 오래된 서고(書庫)였다. 그 도서관에는 수백 년 된 고서적이 가득했다. 라틴어, 그리스

어, 히브리어, 고대 중근동 언어, 고대 독일어로 쓰인 책 사이를 지나면서 전율 같은 것을 느꼈다. 거기서 '에버하르트 네스틀레(Eberhard Nestle)'에 의해 그 유명한 희랍어 성경 'Nestle'판이 만들어졌다 하니 감격스러웠다. 이 학교에서 '요하네스 케플러(Johannes Kepler)', '칼 프리드리히 라인하르트(Karl Friedrich Reinhard)', '프리드리히 횔더린(Fridrich Hölderlin)', '카롤리네 쉘링(Caroline Schelling)', '유스티누스 케르너(Justinus Kerner)', '헤르만 헤세(Hermann Hesse)' 등이 배출되었다. 그 시대를 감당해 낸 인물들이었다. 그들도 이 고 서고의 젖줄에서 자양분을 공급받으며 자라난 사람들이었음에 틀림없어 보였다.

'마울브론수도원'이 수도원 학교로 변화되는 데는 종교 개혁이 결정적인 계기가 되었다. 당시 독일은 '신성로마제국'이라는 느슨한 체제 아래 대공(Herzog)들이 실질적인 권한을 가진 많은 공국으로 나누어져 있었다. 대공들은 자기 공국에서는 실질적인 왕권을 가지고 있었다. 종교 개혁 이후 개신교 신앙을 가질 것인가, 카톨릭 신앙을 가질 것인가 하는 것을 결정하는 권한 역시 대공들이 갖게 되었다. '마울브론수도원'이 속해있던 '뷔르템베르크(Württemberg)' 공국의 '울리히 대공(Herzog Ulrich)은 개신교 신앙을 받아들였다. 그래서 카톨릭 신앙을 고수하려던 수도원들을 폐쇄하게 되었다.

울리히 대공의 아들 '크리스토프 대공(Herzog Christoph)'은 공국 안에서의 종교 문제에 있어서 대공의 절대 배타적 권리를 인정한 1555년 '아우구스부르크 평화 협정(Augusburger Religionsfrieden)'

에 의거해 '수도원법(Klosterordnung)'을 만들어 뷔르템베르크 공국 안에 있던 수도원들을 수도원 학교로 만들었다. 그 목적은 분명했다. 개신교 신앙으로 선언했을 때, 훈련된 지도자들이 절대 부족했다. 개신교 교회 지도자 뿐만이 아니라 그 사회를 이끌어 갈 지도자들을 양성하는 것이 수도원 학교의 목적이었다.

학생들은 4년의 초등학교 교육 후 라틴어 공부를 2년 마친 학생들 중에서 약 30명 안팎의 소수의 학생이 선발되었다. 숙식 등 모든 것은 국가 부담이었다. '마울브론수도원 학교'에 입학한다는 것은 당시로서는 미래의 사회적 신분이 보장되는 것을 의미했다. 수도원 학교의 학과목은 논리학, 수사학, 그리스어, 히브리어, 라틴어, 천문학, 음악 등이었다. 신학을 비롯한 일반 학문을 할 수 있는 기본적인 소양을 갖추는데 주력했다.

하루 일과를 보면, 오전 5시에 새벽 기도회가 있고, 간단한 스프로 아침 식사를 하고, 6시에서 9시까지 공부를 하고 9시에서 10시에 찬양으로 예배를 드리고, 점심 식사와 음악 연습을 10시–11시에 하고 오후 다시 공부 시간, 오후2시–3시에 간식을 하고, 오후 공부를 한 후 오후 4시부터 찬양으로 예배드리고, 저녁 식사 후 공부 후에 밤 기도회를 하는 것으로 되어 있었다. 학문적인 실력 못지않게 영적인 지도력도 갖출 수 있도록 훈련했던 것이다. 시대에 따라 학과목과 하루 일과에 약간의 변화가 있지만 대동소이했다. 이러한 점은 1805년 '수도원법'이 폐기되면서 국가 소유가 되는 수도원의 재산과 교회의 소유가 되는 수도원 학교가 분리되고, 그래서 새로 조직되는 '개신교신학신학원(Evangelische-theologische Seminar)'에서도 전통으로 내려오고 있다.

오늘의 이 학교는 그 독일어 이름 'Die Evangelische-theologischen Seminare Maulbronn und Blaubeuren'에서 알 수 있듯이 튀빙엔(Tübingen) 남쪽에 있는 '블라우보이렌수도원(Kloster Blaubeuren)'에 있는 신학원과 연결되어 있다. 마울브론 학교는 독일식 학제 9학년에서 10학년(우리의 중3에서 고1)까지 2년간 공부하고, 11학년부터 13학년(우리의 고2에서 대학1년)은 블라우보이렌 학교에서 공부한다. 독일 김나지움 8학년을 마친, 분명한 신앙 고백을 가진 학생들 중에 국가 고시를 통해 매년 25명을 선발해서 장학금을 지급하는 기숙사 학교(Internat)로 되어 있다.

450년 전통에 기초한 개신교 신앙 영성 훈련에 힘쓰며, 신학과 인문학의 기초가 되는 고전 언어 그리스어, 히브리어, 라틴어에 주력하고, 영어, 프랑스어, 이탈리아어 등 제2 외국어 연마에 주력한다. 주목할 것은 처음 수도원 학교 시절부터 현재까지 음악 교육에 많은 힘을 기울이고 있다는 사실이다. 영성을 깊이하고, 영성을 훈련하고, 영성을 유지하는 데 음악이 얼마나 중요한지를 이 사람들은 수도원 시절부터 알고 있음을 반증해 주는 일이라 하겠다. 합창, 실내 음악, 오케스트라 등 열심을 내지만 특히 합창 음악에 심혈을 기울인다고 한다. 우리 일행은 합창 교수님 한 분을 만났는데, 그는 세계적인 합창 지휘자 중에 한 사람이라고 안내자가 귀띔하여 주었다. 사람 목소리가 얼마나 귀한 영성적 자원인가를 너무나 잘 알고 있는 것이리라.

↕ 이곳을 방문한 조장연 목사와 마울브론수도원 학교 학생들

4. 배움과 삶의 일치를 향한 훈련과 자율의 영성

'마울브론수도원 학교'는 수도원은 아니었지만 수도원 못지않은
강한 영성적인 훈련을 부과했다. 그러한 전통은 지금도 이어지고 있는
것으로 보인다. 물론 옛날처럼 그런 모습은 아니다. 지금 '마울브론신
학교신학원'에서는 배움과 삶의 일치를 누구보다도 열심히 추구한다고
한다. 그들의 하루 일과는 아침에 잠에서 깨어 밤에 잠자리에 들 때까
지 '일(Arbeit)'과 '자유 시간(Freizeit)'의 적절한 변화를 통해 만들어
진다. 말하자면 훈련과 자율이 자발성에 의해 접합점을 찾아가는 모습

이라고 하겠다.

헤르만 헤세(Hermann Hesse)가 그의 소설들에서 묘사한 '마울브론수도원 학교'의 모습은 일견 상당히 부정적으로 보인다. 그러나 자세히 읽어 보면, 그 학교 체제나 영성 자체에 대한 문제 제기보다는 사람 마음 속에 일어나는 어떤 갈등에 더 집중하고 있음을 볼 수 있다. 헤세가 마울브론수도원 학교에 다닌 것은 1891–1892년이었으니까, 지금의 시각으로 그 당시를 평가하는 것도 그리 바람직하지 않을지도 모른다. 그러나 사람 내면에서 일어나는 것이든 제도적인 면에서 일어나는 것이든, 영성적인 면에서는 훈련과 자율은 언제나 상충될 요소라 하겠다. 이것을 어떻게 그 상호 정당성을 접합시켜 보다 풍성하고 온전한 영성적인 삶으로 만들어 가느냐가 문제라고 하겠다.

그건 단순히 카톨릭적이라고만 할 수 없는 수도원에 있던 복음적인 영성이 새로운 현실을 만나 새로운 영성으로 드러나는 과정이라고도 하겠다. 이 점이 '마울브론수도원'과 '마울브론수도원 학교'가 가지는 연속성이기도 하고 불연속성이기도 한 것이다. 수도원에 뿌리를 두고 있으나 수도원은 아니고, 수도원은 아니지만 수도원 이상의 복음적 영성을 가진 모습이라고 하겠다.

그런 면에서 '마울브론수도원 학교'는 많은 것을 시사해 준다. 우선 그들은 영성 문제를 교육의 문제로 보았다. 또한 교육의 핵심을 영성 문제로 보기도 한 것이다. 그리고 한 사회, 한 시대를 이끌어 가는 데 영성적인 준비야말로 어떤 것보다도 중요한 일임을 분명히 보았던 것이다. 450년 전통을 가진 이 학교는 독일적 영성에 깊고도 넓은 영향을 끼치게 되었다. 종교 개혁 시대는 일종의 혼돈의 시대이기도 했다. 그 혼돈의 시기에 길을 찾고, 찾은 길을 넓히고, 그 길을 공고히 하는 일에 영성적 교육, 교육적 영성을 생각해 내고 실행한 그들은 얼마나 대단한가? 비록 형식은 옛 것에서 취했지만 내용은 새 것으로 담고자 노력한 그들의 진지함은 얼마나 귀한 것인가?

그들은 '기도와 노동'의 옛 형식에서 '훈련과 자율'이라는 새로운 영성을 창출해 내었던 것이다. 강한 훈련이 없는 자율은 무엇을 할 수 있는가? 진정한 자율이 없는 훈련은 무슨 의미가 있는가? 오늘의 우리의 교회, 오늘의 우리의 사회에는 정말 참다운 '훈련과 자율'의 영성이 필요하지는 않는가? 교회 교육이든지, 사회 교육이든지 이 '훈련과 자율'이라는 영성적 기초를 속히 회복해야 하는 것이 아닌가? 영성적 토대가 없고, 영성적 준비가 없는 교육이 얼마나 큰 역기능으로 작용할 수 있는가 하는 것을 우리는 너무나 많이 보아 오고 있지 않는가?

5. 가슴으로 느끼는 영성적 공감

우리 일행 중 한 사람이 '마울브론수도원'을 방문하는 중에 수첩을 잃어버렸었다. 일주일 후에 밤에 열리는 '마울브론수도원교회'의 음악 예배에 참석하러 그곳에 갔을 때, 퀴엔츨렌 원장님이 그 수첩을 예배당에서 발견했다고 돌려주었다. 무언가 말로 표현할 수 없는 뭉클함이 가슴 깊이 다가 왔다. 학교를 방문하는 중에 만난 음악 교수님(Herr Budday)이 우리의 찬양곡을 듣고 평가해 주었던 말이 새삼 생각났다. 우리는 그들을 위해 '우리는 서로에게 사랑이어라!(Wir sind die Liebe gegeneinander)', 이 노래를 들려주었다. 그는 우리에게 이렇게 말했다. "말은 알아들을 수 없고, 내용을 알 수 없어도, 음악만으로도 충분히 여러분들의 마음이 느껴집니다. 참으로 좋은 노래라고 생각합니다." 우리는 '마울브론수도원 학교'의 영성을 다 알 수 없지만, 설명하지 않아도 이미 느껴지는 깊은 어떤 것을 가슴에 담고 있었다.

⋮ 수도원 학교의 교실

참고 • 마울브론수도원 학교 입학 안내

    '마울브론수도원 학교'는 외국인에게도 입학이 허용된다. 물론 한국 학생들에게도 문이 열려 있다. 다음은 한국 학생들의 입학 가능성을 묻는 편지에 대한 이 학교의 퀴엔츨렌 원장님의 대답에서 발췌한 내용이다.

    입학시험은 다섯 과목이다. 종교(Religion : 독일 초등학교에서부터 배워 온 성경과 기독교 일반에 대한 지식. 교과서로 공부해야 한다.), 수학, 독일어, 영어, 라틴어와 불어 중 택일이다. 시험은 독일식 학제로 8학년을 마치고(한국 경우 중학교 2학년 수료 후) 볼 수 있다. 영어는 독일에서는 5학년부터 공부하므로 4년 정도 공부한 수준으로 출제되고, 라틴어나 불어는 2년 정도 공부한 수준으로 출제된다. 독일어는 8학년 수준에서 잘해야 한다.

    한 학년에 25명을 선발하는데 남자가 12명이면 여자가 13명, 남자가 13명이면 여자가 12명이 뽑힌다. 물론 철저하게 성적순이다. 이렇게 입학이 허락된 학생은 국가에서 장학금을 주기 때문에 학생은 한 달에 75유로만 부담하면 된다. 만약에 결원이 생길 경우에는 자비로 입학이 가능하기도 하다. 이 학교를 졸업하면 '블라우보이렌수도원(Kloster Blaubeuren) 학교'로 연계되어 11학년에서 13학년까지(한국학제 고등학교 2학년에서 대학교 1학년) 공부한 후 대학에 진학하게 된다.

    '마울브론수도원 학교'와 '블라우보이렌수도원 학교'를 거치는 동안 독일을 비롯한 유럽 또는 세계 어디에서든지 신학을 비롯한 인문학을 공부할 수 있는 거의 완벽한 준비를 하게 된다. 특히 신학을 공부하려는 학생들은 성서 고전어(헬라어, 히브리어)를 비롯하여 라틴어와 성서관련 언어(곱틱어나 아카드어, 고대 설형문자 등)를 거의 완벽하게 준비할 수 있다.

만약에 신학에 소명을 받은 영민한 학생이 이런 학교를 나와 신학을 하게 된다면, 한국이나 세계 신학에 얼마나 많은 기여를 하게 될지 기대하지 않을 수 없다. 이 학교에 다니는 동안에는 아직 미성년이기 때문에 휴가 때나 몸이 아플 때 돌보아 줄 독일 내에 거주하는 양부모가 꼭 있어야 하지만, 이는 독일 내 한인 교회 성도들과 협력하면 어렵지 않게 해결할 수 있을 것이다.

사암 속에 담긴 영성

마울브론수도원의 영성

1. 팔백오십 년을 뛰어넘어

뜨거운 한 여름에도 사암(砂巖)으로 지어진 '마울브론수도원 (Kloster Maulbronn)' 예배당과 낭하는 시원하다. 여름 옷차림으로 한참을 있으면 한기를 느끼게 된다. 다시 한참을 예배당 의자에 앉아 있노라면 추워진다. 한 겨울에는 뼈 속까지 스미는 착 가라앉은 차가운 공기를 마셔야 한다. 처음에는 머리를 아주 맑게 해주는 것 같다가 시간이 감에 따라 점차로 머리가 무거워지면서 혼미해진다. 그래서 한 겨울에는 한동안 수도원 방문 자체가 봉쇄되기도 한다. 안내하는 사람도 방문하는 사람도 춥기는 마찬가지인 모양이다. 봄이나 가을에 비라도 내리면, 그 사정은 겨울과 크게 다르지 않다.

수도사들이 쓰던 방을 들여다보았다. 아무것도 없다. 본래 수도 사들에게는 개인 재산을 허락하지 않았으니 그 방안에 무엇이 있을 리 없지만 그걸 눈으로 확인하는 건 충격적이었다. 침대도 없다. 다만 방한 켠에 마른 밀집이 쌓여 있고, 보온이 거의 안 될 듯싶은 낡고 허술한 수도복이 한 벌 걸려있다. 그게 전부다. 추운 날이라도 되면 방이 사람 덕 보겠다고 할 만한 방이다. 그 밀집 위에서 자고 그 수도복을 입고 살았던 것이다. 최고의 방한복을 입고도 추운데 어찌 저런 옷을 입고 이런 데서 살았을까? 오죽하면 수도사들의 예배당에서 수도사들의 방으로 올라가는 계단을 '지옥 계단(Höllentreppe)'이라는 말로 불렀을까. 이런 애칭(?)을 당시 수도사들이 붙였는지 후대 사람들이 붙였는지 알 수 없지만 이해가 될 듯하다.

수도사들이 사용하던 식당(Herrenrefektorium) 중앙에 있는 큰 기둥에는 포도주통을 달아 맸던 자국이 남아 있다. 그 포도주 통 꼭지를 따라 사선으로 홈이 파여 있고, 그 사선이 끝나는 높이에서 기둥을 빙 둘러 조금 더 깊은 홈이 파져 있다. 무슨 축일이나, 너무 추운 날에 거기에 포도주 통을 달아놓고 거기서 아주 조금씩 흘러나와 홈에 고여 있는 포도주를 식사 후에 열 손가락으로 찍어 빨아 먹었다고 한다. 이른바 '열 손가락 포도주(Zehn Finger Wein)'이다. 유럽산 유명포도주와 맥주에는 수도원과 관련된 상표가 많다. '클로스터 와인(Kloster Wein)', '클로스터 브로이(Kloster Bräu)' 등인데 '열 손가락 포도주'도 그 중 하나다. 이런 열악한 환경에서 조악한 식사에 가끔 은급처럼 나오는 포도주를 손가락으로 찍어 빨아 먹는, 춥고 배고픈 모습들이 수도사들의 삶의 실체였다. 지금은 수도 공동체는 사라지고 사암(砂巖)으로 지어진 수도원 건물로만 남아서 850년의 세월을 건너 뛰어 그런 수도사로서의 삶의 실체를 증언해 주고 있다. 사암(砂巖) 속에 담긴 영성인 셈이다.

2. 가장 소중한 것을 위한 청빈, 복종, 순결

'마울브론수도원'에 자주 방문하면서 수도사들의 핵심 서원인 '청빈(Armut)', '복종(Gehorsam)', '순결(Keuschheit)'이 의미하는 것이 무엇인지 많이 생각하게 되었다. 거기에 가면 굳이 말로 설명하지 않아도 그들의 가난과 복종과 순결이 언제나 강렬하게 다가왔다. 막연히 동경하는 그런 이야기가 아니었다. '그럴 수도 있겠다.'는 개연성이나 '그래야 했겠지.' 하는 당위성도 아니었다. 그건 그들이 살았던 현실이었고, 그들이 감당해야 했던 삶의 무게였다. 거기서는 그렇게 밖에 달리 살 수가 없었을 것이다. 그래서 어떤 때는 그런 수도원, 수도사의 삶이 경외스럽게 다가오기도 하고, 어떤 때는 그런 삶이 너무 인위적이고 잔인하다는 생각이 들기도 했다. 오직 수도사라는 이름 하나로 그 모든 것을 감내하고 감당하게 했으니 그런 생각이 들 만하지 않은가? 때론 괴로운 가운데 어떤 영적 열등감을 느끼기도 하고, 하나님의 은총이 더욱 소중하게 다가오기도 하고, 두려움과 부끄러움이 앞서기도 했다. 그들은 우리에게 자신의 삶을 정직하게 바라보게 했던 것이다. 그건 어떤 강요보다 보이지 않는 강한 눈빛이었다.

무엇 때문에 그들은 그런 삶을 기꺼이 받아들이고 그렇게 살았을까? '마울브론수도원'은 1147년 설립되어 종교 개혁의 와중에서 1536년 폐쇄된 '시토수도회(Die Zisterzienser Kloster)'에 속한 수도원이다. '마울브론수도원'이 수도원으로 기능했던 기간은 이때의 약 400년 동안이었다. 그 이후 오늘날까지 약 450년은 엘리트들을 양성하는 학교로 기능하고 있다.

'시토수도회'는 1098년에 성 로베르또, 알베르코, 스테파노에 의해 창립된 수도회이다. 이들은 '끌뤼니수도원(Kloster Cluny)'의 전통과 입장을 가진 '몰렘수도원'에서 도망치듯 이탈하여 당시에는 황무지와 같은 프랑스 남부 시토에 수도회를 세웠다. 이들은 보다 엄격하게 베네딕트 규칙에 따라 수도 생활을 하고자 했다. 이들은 '끌뤼니수도원'과 다른 수도원이 지켜오는 전통을 존중하면서도 그들이 소홀히 여기고 있다고 생각하는 부분을 개혁하고자 했다. 이를테면 그들이 소홀히 한 노동을 회복하여 기도와 노동의 균형을 맞추려고 했다. 그들이 등한시했던 '봉쇄'를 소중히 여기고, 봉쇄와 세상과의 친교의 틀을 만들려고 노력했다. 그들이 잃어버린 침묵을 되찾아 침묵과 공동생활을 함께 하려 했다. 그들이 잘 이해하지 못했던 복음의 자유를 발견하여 자유와 순종을 조화시키려 했다. 이들은 이러한 요소들 사이에 조화와 균형이 이루어질 때, 공동체 안에서 더욱 온전히 주님을 따를 수 있게 되어 하나님 나라를 누리고, 세상을 향해 선포할 수 있다고 믿었다.

새로 열리는

시간이 갈아입히는 식상한 공간들

공간이 펼쳐 주는 무료한 시간들

스러져간 그런 지난 날들

낡아빠진 이런 가늠자 틀들

그 피곤한 반복들

기억 속에 박제된 흐릿한 추억들

추상 속에 해체된 엉성한 구조들

공간 안에 속박된 시간들

시간 안에 갇혀진 공간들

더이상 담아낼 수 없는

길, 진리, 생명

그 답답함, 그 씁쓸함

그리고 무상함

눈물 고이는 슬픔, 맥 풀리는 허무

그저 출렁이는 시간의 황막한 바다
기러기 날아간 공간의 헛헛한 자국
때가 차매 거기에 찾아오시는 그 분,
세워지는 십자가 내리 꽂히는 영원
시공(時空)과 영원의 만남
구원받는 시간, 해방되는 공간
새로 열리는 길, 진리, 생명
그 빛난 일상 속의 새 하늘, 새 땅

이러한 그들의 개혁은 폭발적인 반향을 일으켜 유럽 전역에서 900여 시토수도회수도원이 생겨나게 되었다. '마울브론수도원'은 '시토수도회'가 결성된 지 거의 50년이 되던 해에 역시 버려진 땅과 같았던 황무지에 세워지게 되었다. 그들은 보다 철저하게 수도 생활에만 전념함으로 복음의 참된 복을 맛보며 살고 싶어 했다. 또 그 복을 나누어 주고 싶어 했다. 그걸 위해서 예수님의 말씀에 따라 청빈과 복종과 순결을 서약하고 기꺼이 거기에 자기 전부를 던졌던 것이다. 열악한 여건이나 조악한 식사가 문제가 될 수 없었다. 주님과 함께, 형제들과 함께 하나님 나라를 누리며, 세상 사람들에게 하나님 나라를 나누는 삶보다 더 귀한 것은 아무것도 없었다. 청빈과 복종과 순결을 그런 참된 복을 누리는 데 마땅히 지불해야 할 필수적인 대가로 생각했다. 다른 의미 있는 수도원과 마찬가지로 '마울브론수도원'의 영성은 그런 고백의 터 위에서 자라났다.

⋮ 필자 일행에게 마울브론수도원을 소개하고 있는 수도원 교회 담임목사

3. 두 가지 길의 영성

　　'마울브론수도원'의 영성은 먼저 세상으로부터 철저한 격리와 이탈을 요구한다. 처음 수도자들이 인간의 도시를 떠나 사막으로 향했던 것처럼, 그들도 그러기를 소망했다. 당시 봉건 사회에서 수도원은 신앙적이고 정신적인 면뿐만 아니라 그 지역의 경제, 정치, 교육, 사회, 문화의 구심점이었다. '끌뤼니수도원'과 당시 여러 수도원이 초심을 잃고 먼저 해야 할 일과 나중에 해야 할 일을 뒤바꿔버리게 된 것도 그러한 이유였다. 당시 수도원이 그러한 역할을 포기한다는 것은 쉬운 일이 아니었다. 그러나 '시토수도회'의 처음 지도자들은 수도자가 잃어버린 본연의 일을 먼저 하려고 했다. '마울브론수도원'은 바로 이 '시토수도회'의 정신 위에 서 있었다. '마울브론수도원'이 있는 자리도 당시에는 사람의 발길이 거의 닿지 않는 오지였다. 세상에서의 격리와 이탈을 위해서는 그러한 자리가 필요했다.

⋮ 예배드리는 모습

광야로

모든 게 너무도 쉬워진 세상
일상 용품도 사랑도 시도 기도도
하나같이 일회용품으로 범람하는데
왜 그렇게 끝 간 데 없이
춥고 허기지는 것인가?

모두가 동의하는 쉬운 길을 거슬러
광야로 나아가세나
모세의 미디안 사십 년이 없이
출애굽은 어찌 되었을까?
바울의 아라비아 삼 년이 없이
복음의 물줄기는 어찌 흘러갔을까?

고된 광야로 나아가세나

진솔한 침묵을 배우고,

자유로운 절제를 익히고,

거짓 없이 더 많이 내어주려

스스로를 돌이켜

빈 들,

광야로 나아가세나

'마울브론수도원'이 세워질 때의 일화가 전해 내려온다. 인적이 없는 곳에서 수도원 터를 찾는 데 가장 중요한 일은 물을 찾는 일이다. 물이 없이는 사람이 살 수 없기 때문이다. 사람이 살지 않는 곳에서 언제나 솟아나는 샘물을 발견한다는 것은 하나님의 인도하심이 없으면 불가능한 일이라고 생각했다. 그래서 그들은 기도하면서 한 방법을 찾아냈다. 노새 한 마리에게 한동안 물을 먹이지 않고 있다가 풀어 놓아 물을 찾아가게 하자는 아이디어였다. 그들은 하나님께서 노새를 통해서 수도원이 세워질 자리로 이끌어 주시리라고 믿었다. 노새는 오랫동안 물을 찾아 헤매었다. 수도사들도 노새의 뒤를 따라 길도 없는 들과 숲을 헤매었다. 그러다 마침내 노새는 샘을 발견했다. 하나님의 인도하심이었다. 그 샘에 '성모의 샘'이라는 이름을 붙였지만 사람들은 그 이름을 공식적으로만 사용했다. 그 샘의 이름은 그냥 자연스럽게 마울(Maul)브론(Bronn)이라고 불렸다. 마울(Maul)은 동물의 주둥이를 의미하는 말이다. 브론(Bronn)은 샘물을 뜻하는 고어이다. 그러니까 노새 주둥이로 찾아 낸 샘물이라는 뜻이다. 자연스럽게 이 말은 그대로 이 수도원의 이름이 되었고, 그 지역의 이름이 되었다.

철저한 이탈과 격리는 이런 장소적인 부분만이 아니었다. 수도 생활에서도 그랬다. '마울브론수도원'의 공간적 구조를 보면 그걸 확연히 느낄 수 있다. 크게 보면 '마울브론수도원'은 두 부분으로 되어 있다. 수도원 교회와 수도사들이 사는 수도원이 있고, 수도원에 딸려 사는 평신도들이 사는 작은 마을로 되어 있다. '마울브론수도원' 초기에는 이 평신도 마을은 없었다. 후에 '마울브론수도원'의 영성이 알려지자 많은

‡ 겨울 예배당 강단

사람들이 수도원에 땅을 기증하게 되는데, 그 땅을 경작하고 수도원의
여러 일들을 돕는 사람들이 필요했다. 수도사들도 노동을 하지만 그들
만으로는 감당할 수가 없었다. 소작농과 비슷한 사람들이었다. 중세 봉
건 제도에서는 이들을 농노, 또는 평민으로 부른다. 이들은 수도원 담
안에 살지만 물론 수도사가 아니다. 이들을 노동 수도사라고 부르는 것
은 잘못 이해한 것이다. 수도원은 넓은 광장을 통해 이들과 격리되어 있
다. '마울브론수도원' 예배당 입구 로비(전실)를 '파라다이스(Paradise)'
라고 부르는 데, 그건 이런 격리를 모르면 이해할 수 없는 대목이다. '파
라다이스'에 있는 예배당 입구 문은 '낙원'이라는 뜻에 걸맞게 정말로 아
름다운 예술 작품이다.

예배당의 공간도 수도사 예배당과 평신도 예배당으로 나뉘어 있다. 긴 예배당에 입구 쪽은 평신도 예배당이고, 담으로 나누어진 나머지 공간이 수도사들의 예배당이다. 평신도들은 수도사들의 예배당에서 수도사들이 부르는 찬양과 성경 봉독과 기도를 벽 너머에서 들으며 예배드렸다.

지난 번 '마울브론수도원'을 방문한 우리 일행은 밤에 드리는 수도원 예배에 초대를 받았다. 거의 전통적인 방법으로 드리는 예배였다. 다만 수도사들이 아닌 전문 성가대가 성가를 대신해 주었다. 예배당 안에는 촛불이 가득했고, 수도원의 모든 공간 곳곳에 촛불이 밝혀져 있었다. 비록 말을 다 알아들을 수는 없었지만 그 찬양의 아름다운 화음과 높은 고딕식 천장을 돌아 돌아 들리던 잔음의 황홀함을 잊을 수 없다. 천상의 소리처럼 들렸다. 아마 이 수도원에 속해 있던 수도사들과 평신도들도 그런 감동으로 예배했으리라.

식당도 수도사 식당과 평신도 식당이 따로 되어 있다. 음식도 다르다. 물론 수도사들의 음식이 훨씬 더 형편없었다. 평신도 예배당의 의자는 장의자로 되어 있다. 반면 수도사 예배당의 의자는 개인 의자로 되어 있다. 수도사들은 같은 수도사들에게서도 우선 격리되도록 배려하고 있는 것이다. 물론 수도사들의 방도 혼자 쓰는 방이다. 예배당 통로에 있는 기도와 묵상의 자리도 홀로 쓰는 공간이다. 누구에게도 방해받지 않고 철저히 단독자로서 침묵과 묵상 속에서 하나님 앞에 나아가게 우선적으로 배려했던 것이다.

이러한 철저한 이탈과 격리는 두 가지 영성으로 열리게 된다. 하나는 위로 하늘을 향하여 열리는 영성이다. 수도사들은 수도사 예배당에서 하루 적어도 다섯 번(새벽, 아침, 점심, 저녁, 심야)의 공동 기도를 가졌고 한 번 미사를 드렸다. 독서와 노동의 시간이 매일 반복되었다. 저녁 식사 후 짧은 공동체의 시간 외에는 침묵하게 되어 있었다. 그 외의 시간에 의사소통이 필요할 경우에는 수화(手話)로 하게 되어 있었다. 공동 기도는 시편 기도와 교회의 '성무일도'로 구성되어 있었다. 시편 기도는 찬양으로 불려졌고, 성경 봉독은 묵상에 초점을 맞추어 반복되어 낭독되었다. 공동 기도와 미사는 대부분 서서 진행되었다. 그래서 수도사들의 의자에는 높은 팔걸이가 부착되어 있다. 서서 찬양과 묵상과 기도와 미사를 진행할 때 의지가 되라고 그렇게 만든 것이다. 그들이 두 발로 버티고 서 있던 나무 마루는 움푹 파여 있다. 웬만해선 표가 안 나는 아주 단단한 나무판에 그런 자국이 남을 만큼 그들의 수행(修行)은 치열했다. 또 한 가지 이 의자의 특이한 점은 앉는 부분이 접이식으로 되어 있는데, 그 이면에 겨우 엉덩이를 걸칠만한 작은 판이 부착되어 있는 것이다. 심야에 수도사들이 피곤을 이기지 못하여 서 있기 힘들 때 걸치라고 만든 것이다. 최소한의 인간적인 배려인 셈이다.

개인적인 수행(修行) 또한 치열하게 진행되었다. 홀로 기도하고 독서하고 묵상하는 일을 게을리해서는 안 되었다. 게으름은 식탐과 색욕과 질투와 분노와 교만과 욕심과 더불어 가장 경계해야 할 일곱 가지 적 중 하나였다. 상당한 인기를 끌었던 '세븐'이라는 영화는 이런 배경을 가지고 만들어진 영화이다. 이들의 수행에서 빼놓을 수 없는 것이 '십자가의 길(Kreuzgang)'이다. 예수님이 걸어가신 십자가의 길에서 일어

‡ 십자가의 길. 이 안에 성모의 샘이 있다.

난 14개의 사건을 묵상하며 기도하며 도는 길이다. 대부분 수도원과 마
찬가지로 '마울브론수도원'에도 그 중심에 십자가의 길이 있다. 그 길은
네모난 통로로 되어 있다. 그 통로 벽에 십자가의 길 14개 처를 표시해
놓고 한 곳씩 옮겨가며 기도한다. 그 바닥에는 이 수도원의 수도원장을
역임한 수도사들의 무덤이 있다. 이 십자가의 길은 개인적인 수행뿐 아
니라, 공동의 수행에도 중요한 곳이다.

　'십자가의 길' 중심에 있는 '성모의 샘'도 많은 영감을 불러 일으
키는 자리이다. 샘은 실용적인 면과 상징적인 면을 동시에 갖고 있어 거
의 모든 수도원에서 아주 중요하게 여기는 곳이다. '마울브론수도원'의

샘은 아름답기로 유명하다. 삼단으로 되어 있는 분수형 샘은 수도사들이 먹고 씻는 곳이기도 했지만 하나님 아버지의 사랑과 예수님의 보혈과 성령님의 충만을 묵상하고 체험하는 귀한 자리였다.

이러한 모든 수행은 우선은 하늘로 향한 영성을 풍성하게 해 준다. 주님과 함께 하나님 나라를 누리게 되는 것이다. 그런데 여기에서 신비한 일이 일어난다. 하늘로 향한 영성이 풍성해지면 사람들을 향해, 세상을 향해 마음이 열리게 된다는 것이다. 우리 주님처럼 자신이 누리고 있는 것을 나누고 싶은 마음이 샘솟듯이 솟아나게 된다. 만약에 세상을 향해 닫혀 있는 영성이라면 참다운 영성이 아닐 수도 있다. 마울브론 수도사들은 하늘을 향한 영성이 깊어 갈수록 수도사 형제들과의 공동체적 사랑도 깊어졌다. 그들은 하늘나라에서 누리는 하나님 나라의 참된 복을 그 수도 공동체에서 미리 맛보았다.

또한 그들은 자신의 노동으로 얻은 농산물을 비롯해 모든 것을 세상 이웃사람들과 나누었다. 물질만 나눈 것이 아니다. 그런 나눔을 통해 그들이 누리고 있는 하나님 나라의 참된 복도 함께 나누게 된 것이다. 그건 감동을 불러 일으키고, 그렇게 해서 많은 사람들이 수도원에 땅과 물질을 기증하게 된 것이다. 그런 것을 기대하고 나눈 것은 아니지만 그런 열매로 돌아오게 된 것이다. '마울브론수도원'의 영성은 세상을 향하여 열려 있는 영성이었다. 세상을 향한 온전한 영성을 위해서 더욱 낮아지도록 끊임없이 자기 개혁의 노력을 기울였다. 자족하다가 교만해지고 넘어지는 것을 언제나 경계했던 것이다.

4. 영성의 외적 표현, 천년 건축에 담겨있는 영성

보이지 않는 영성은 보이는 문화를 만들어 낸다. '마울브론수도원'의 경우도 예외는 아니다. 지금 남아 있는 건물만 보아도 '마울브론수도원'의 영성이 어떠했는지 짐작할 수 있다. 건물은 그 영성을 담는 그

⋮ 예수 십자가 고행 목각 공예

릇이기 때문이다. '마울브론수도원'은 사암으로 지어졌다. 사암은 공기 중의 습기를 빨아들여 세월이 가면 갈수록 단단해진다고 한다. 수도원 전면은 특히 붉은 사암으로 지어졌는데 비를 맞거나 습기가 많아지면 그 붉은 빛은 더 선명해진다. 그러기에 사암은 만년 건축이 가능한 당시

최고의 건축 자재였다. 쉽게 구할 수도 없는 자재였다. 마울브론에서 약 100Km쯤 떨어져 있는 하이델베르크 영주의 성이 이 붉은 사암으로 지어져있다. 왕궁을 짓는 마음으로 자신들의 최고의 정성과 물질을 드려 건축했던 것이다. 주님께 바치는 데에는 아무것도 아깝지가 않았다.

　뿐만 아니라 건축 양식도 로마네스크 양식에서부터 고딕 양식에 이르기까지 다양한데, 거기에도 여러 가지 실험 정신이 잘 배여 있다.

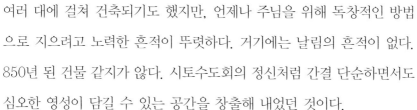

여러 대에 걸쳐 건축되기도 했지만, 언제나 주님을 위해 독창적인 방법으로 지으려고 노력한 흔적이 뚜렷하다. 거기에는 날림의 흔적이 없다. 850년 된 건물 같지가 않다. 시토수도회의 정신처럼 간결 단순하면서도 심오한 영성이 담길 수 있는 공간을 창출해 내었던 것이다.

'마울브론수도원'은 건물 전체가 하나의 통일된 예술 작품과도 같다. 1993년 유엔 유네스코에서는 '마울브론수도원'을 세계 문화유산으로 지정했다. 알프스 이북에서 가장 잘 보존된 중세 수도원 건물의 전형으로 선정한 것이다. 충분히 그럴만한 가치가 있다. '마울브론수도원' 수도 공동체는 사라진지 오래 되었지만, 450년이란 세월을 가로질러 하나님을 향한 아름다운 영성이 지금도 사암 속에 담겨 그들의 신앙적인 열정을 증거하고 있는 것이다. 어떻게 그 영성마저 사라졌다고 할 수 있을까?

5. 참다운 영성의 연원

'마울브론수도원' 예배당 제단에는 예술적으로나 영성적으로나 너무나도 귀한 예수님의 고상(苦像)이 있다. 그 고상은 약 7미터 정도 되는 큰 고상인데 하나의 돌에서 조각해 낸 것이다. 그런데도 전혀 돌이라는 느낌이 들지 않는다. 지난 번 방문 때(2004.6) 우리 일행을 안내해 준 수도원 교회 클라우스 호프(Klaus Hoof) 목사님은 이런 설명을 했다. "이 예수님상은 보는 각도에 따라, 바깥 햇빛에 따라 다 다르게 보입니다. 보는 시간에 따라서도 다르게 보이고, 보는 이의 마음에 따라서도 다르게 보이지요. 하지(夏至) 때 정오에 들어 오는 햇빛을 받으면 예수님의 얼굴이 붉은 피를 뚝뚝 흘리는 것처럼 보입니다. 은혜 받지 않을 수 없지요."

‡ 예수 고상(苦像)

옛날 '마울브론수도원'을 세우고 이 건물을 건축하고 예수님의 고상을 세운 사람들, 그리고 이곳에서 일생을 수도사로서 밤낮 이 예수님의 고상을 바라보며 살던 사람들에게도 그렇게 보이지 않았을까? 아침 미사 때 찬란한 아침 햇살이 비치던 모습과 심야 기도회 때 촛불에 비친 그 모습이 다를 수밖에 없었을 것이다. 그들은 오늘의 우리가 보시 못한 더 많은 것을 보고 느끼며 주님께 더 온전히, 사람에게 더 가까이 나아갔을 것이다. 어쩌면 이 예수님의 고상은 '마울브론수도원' 영성의 연원(淵源)인지도 모른다. 그렇다. 참다운 영성은 보이지 않는 예수님의 모습이 우리 삶에 더 온전하고 다양한 모습으로 드러나는 것이기 때문이다.

삶 속의 수도 영성, 영성적 연대와 삶의 변화

키르히베르크수도원, 열린 마음 연대하는 마음

1. 숨겨진 보물, 키르히베르크수도원

그때는 '수도원'이라는 이름이 붙어있는 곳에는 반사적으로 관심이 가던 때였다. '독일 교회의 날(Kirchen Tag)' 행사장에서 '키르히베르크수도원(Kloster Kirchberg)'을 소개하는 작은 팜플렛을 보고는 시간을 내어 지도를 보면서 무작정 찾아가 보았다. 그 수도원에 대해서 아는 게 거의 없었다. 다만 '개신교 수도원'이라는 말에 이끌려 그렇게 가게 되었다.

고속도로를 벗어나니 독일 남서부의 아름다운 전형적인 시골 모습이었다. 고속도로에서 바라보던 풍광과는 아주 달랐다. 작은 동네를 지나니 인가가 없는 숲길이었다. '키르히베르크수도원'이라는 작은 화살표 팻말에 따라 숲길로 들어섰다. 햇빛이 한창 좋은 대낮인데도 컴컴한 울창한 숲이었다. 상쾌한 공기가 가슴 속으로 빨려 들어 왔다. 산림욕이 따로 없었다. 그렇게 구불구불 오르막 숲길을 한참 달렸는데도 여전히 숲 속이었다. 지도를 보아도 한참 동안 인가가 보이지 않았다. 일상 세계와는 절연되는 기분이었다. 제대로 가고 있는지 아닌지 몰라서인지, 세상과 절연되어지는 것 같아서인지, 약간은 불안하기도 했다. 낯선 세계로 들어가는 것 같았다. 그렇게 얼마를 갔을까, 갑자기 하늘이 활짝 열렸다. 머리 속이 맑게 비워지는 느낌이었다.

그리고 보이는 것이 건너편 언덕에 자리 잡고 있는 수도원 건물이었다. 그건 누가 보아도 수도원이었다. 규모가 그리 커 보이지는 않았다. 문짝도 없는 수도원 문을 들어가 보니 사람이 눈에 띄지 않았다. 함께 모여 사는 공동체 수도원이 아니었던 것이다. 적잖이 실망이 앞섰다. 여기저기 기웃거리다가 사무실을 지키고 있는 책임자를 만나 이야기하다가 숨겨진 보물을 만난 듯한 기쁨을 가지게 되었다. '키르히베르크수도원'과의 만남은 그렇게 시작되었다.

2. 끈질긴 모색, 철저한 준비와 헌신

목회하는 사람들에게는 영성적 목마름은 불가피하다. 주님을 진실하게 따르려고 하는 성도들에게도 영성적 기갈은 심각하게 느껴진다. 깊고 풍성한 영성 생활을 하려고 하면 할수록 현실에서는 더욱 그렇다. 누구나 경험하는 인간 본성의 연약함과 악함에 스스로에게도, 다른 사람에게도 절망한다. 무신성(無神性)한 현실에서 개인의 무력감과 고립감을 뼈저리게 체험한다. 마음속에서 일어나는 정직한 질문과 욕구를 피해갈 수 없다. 아는 것과 믿는 것과 사는 것의 괴리감도 만만치 않다. 은총을 몰라서도 믿지 않아서도 아니다. 구체적인 살이있는 삶의 어려움인 것이다. 힘겹고 답답하다. 그래서 수도 생활이나 수도원이나 영성 공동체를 생각하게 된다. 물론 그런 것이 모든 영성적인 문제의 만병통치적인 답은 아니다. 그렇지만 하나의 길은 될 수 있고, 적어도 위안은 되지 않는가? 많은 사람들이 거기서 길을 찾고 평안을 누리는 것도 사실이 아닌가?

나의 노래

가성(假聲)으로 길들여진 서러운 세월에

흰 머리만 늘어가는 데

한 마디 노래를 불러도

언제 나의 노래를 부를 수 있으려나

바람소리에 귀를 기울이세나

물소리에 마음을 열어 놓으세나

새소리에 생각 전부를 주어보세나

노래하기 위하여

오래오래 침묵하는 것을 겸허히 배우세나

그리해서

삶의 진실을 진하게 살아나 보아야 하지

정성스레 사랑의 초극(超克) 이루어야 하지

숨길 수 없는 진실을

터져 나오는 자유를

어쩔 수 없는 사랑을

삶의 노래로, 위로의 노래로

눈물과 더불어, 춤과 더불어

한 가락 한 가락 온몸으로 풀어내야지

아하, 한 마디 노래를 불러도

언제 나의 노래를 부를 수 있을거나

그렇다고 해서 훌쩍 모든 것을 떠나 수도원이나 영성 공동체에 들어가기는 참 어렵다. 수도원에서 요구하는 일탈(逸脫)을 감당할 수 없는 것이다. 한국개신교회에 수도 운동을 환기시키려고 애쓰신 엄두섭 목사님은 이런 이야기를 한 적이 있다. "목사 안수를 받고 성 프랜시스와 맨발의 성자 이현필 선생을 접하면서 수도 생활을 사무치게 사모하게 되었다. 그래서 모든 것을 떠나 수도 생활에 뛰어들려 하니 아뿔싸, 이미 처자식이 있더구나. 어쩔 수 없이 아이들이 장성할 때까지 기다릴 수밖에. 늦깎이로 수도 생활에 뛰어들었으니 겨우 흉내만 낼 수 있었을 뿐이다." 그분의 '아뿔싸'라는 탄식사가 지금도 마음에 남아 있다. 아마도 그분만의 어려움이 아니어서 그럴 것이다.

이런 고민은 독일의 목회자나 성도들도 마찬가지로 가지고 있었

⋮ 키르히베르크수도원 입구에서 필자 일행

던 모양이다. 특히 경건주의적인 전통이 강하게 남아 있는 독일 남서부 지방에서는 더욱 그러했던 것 같다. 소위 '쉬베비쉬 경건주의(Schwäbisch Pietismus)'라는 독특한 경건주의 유파를 형성했고, 그 영향이 광범위하게 번져 있는 지역에서 살고 있는 목회자들과 성도들에게는 그러한 고민은 어쩌면 자연스러웠을지도 모른다.

그들 중 일단의 목회자들과 평신도들은 그들의 일상생활 속에서 깊고 풍성한 영성적인 삶을 지속적으로 살 수 있는 방안을 모색했다. 그들은 삶의 터전을 일시적으로 떠나 베를린 북쪽 약 100Km에 위치한 노이마르크(Neumark)로 갔다. 약 900Km를 이동한 것이다. 당시에는 외국에 가는 것과 마찬가지였으리라. 거기 노이마르크에 있는 옛날 기사의 성인 '베르노이헨(Berneuchen)'에서 1923년부터 1928년까지 매해 약 1-2주일간 모임을 가졌다. 진정으로 영성적 목마름을 느끼고 해갈을 사모하는 사람들의 모임이어서 그게 가능했다. 6년 동안 이러한 모임을 지속하면서 그들은 많은 깨달음과 자신감을 얻게 되었다. 삶의 터전을 떠나지 않으면서도 깊고 풍성한 영성적인 삶을 사는 길을 찾게 된 것이다.

그들은 언제나 "변화는 작은 것으로부터 시작된다(Veränderung beginnt im Kleinen.)"는 확신을 갖게 되었다. 한 사람의 중요함을 일깨워 주었다. 기독교가 기독교답게 새롭게 되고, 성도가 성도답게 하나가 되려면 한 사람 한 사람의 영성적 삶이 소중함을 흔들리지 않게 새삼 깨우친 것이다. 헌신도 특별히 강조되었다. 영성적 삶을 위해서 자기 삶을 드리는 준비와 각오를 요청해야 한다고 정리했다.

이것의 실천을 무엇보다도 강조했다. 바람직한 생각만으로 그쳐서는 안 된다고 믿었다. 그리고 열린 마음과 연합하는 마음을 바탕으로 해야 한다고 다짐했다. 개인이 소중하지만, 개인만으로는 할 수 없음을 겸손히 받아들였다. 개인은 다른 사람이나 공동체의 도움과 보호를 받아야 한다. 서로 도움을 주고받을 수 있어야 한다. 일방적이어서는 안 된다. 보이지 않는 영성적인 연대가 절실함을 인정했다. 함께 모여 공동체적으로 훈련하고 삶을 나누고, 흩어져서는 중보기도로서 연결된 그러한 공동체적 연대를 꿈꾸었다. 홀로 있을 때 영성적인 삶을 살 수 있는 사람이 함께 있을 때도 영성적인 삶을 나눌 수 있음을 발견했다. 또한 함께 영성적 훈련을 받지 못한 사람은 홀로 영성적 삶을 살 수 없음을 알게 되었다.

이런 끈질긴 모색을 거쳐 얻은 결론에 따라 3년간 실천과 준비 기간을 거쳐 1931년 '미하엘형제단(Mi-chaelsbruderschaft)'을 결성하게 된다. 목회자들과 평신도가 함께 참여하는 남성들만의 영성 공동체였다. 각자 자신의 삶의 터전을 떠나지 않고 각자의 직업에 충실하게 살면서 홀로, 또는 함께 깊고 풍성한 영성적 삶을 살고자 하는 사람들의 보이지 않는 공동체였다.

그들은 일 년에 한번 '미하엘 축제(Michaelsfest)'라고 이름하는 총회로 모였고, 일 년에 4회 정기적인 집

키르히베르크수도원 전경

◄⋯ 옛 수녀원 묘지

회를 가졌다. 필요에 따라 월별로 집회를 열었다. 회원들은 모든 모임에 의무적으로 참석해야 했다. 회원 가입은 매우 엄격한 절차를 거쳐 이루 어졌다. 2, 3년 동안 '미하엘 형제단' 집회에 초청 손님으로 지내다가 본 인이 원하고 형제단이 허락하면 준회원으로 최소 2년 동안을 시험 기간 으로 지낸다. 이 준회원을 독일말로 'Probebruder(시험 형제, 또는 견 습 형제)'라고 부른다. 이 기간은 자신에게 과연 이런 영성적인 삶이 맞 는가를 철저하게 살피는 시간이 된다. 형제단에서는 그 사람을 회원으 로 받아들여도 될지 예의 주시하는 기간이다. 회원들의 출신 교파는 불문이며 초교파적이다. 그렇지만 회원은 분명한 직업이 있어야 하며, 활동적이고 헌신적인 성도이어야 하고, 에큐메니칼 정신을 지원할 수 있어야 하고, 회비로 세금 포함한 전체 수입의 1.5%를 내야 한다. 현재 회원은 목회자 약 200명, 평신도 약 200명 정도라고 한다.

처음에 이 영성 공동체는 공동체만 있고 장소는 없었다. 모임도 이곳저곳으로 옮겨 다니면서 했다. 그러던 것이 하나의 계기를 맞게 된다. 1956년 그러니까 형제단이 결성된 지 25년이 되었을 때, 바덴-뷔르템베르크(Baden-Württemberg) 주에서 '키르히베르크수도원'을 사용하도록 한 것이다. 소유권은 그대로 주에 속하지만 운영권은 전적으로 '미하엘형제단'에게 주는 조건이었다. 그런데 '미하엘형제단'은 법인이 아니었으므로 법인을 만들게 되는데 그것이 '베르노이흐너 딘스트(Berneuchner Dienst)'이다. 법인을 만들면서 여성 회원도 받아들이게 되었다. '미하엘 형제단'은 그대로 존속하고 있다. 이렇게 해서 '키르히베르크수도원'은 이 영성 공동체의 중심이 되었다.

'키르히베르크수도원'은 본래 도미니칸 종단의 수녀원이었다. 수녀원이 폐쇄된 이후 폐허로 있다가 새로운 영성 운동에 쓰임을 받게 되었다. '베르노이흐너 딘스트'는 이 수녀원을 영성 훈련과 각종 집회와 묵상을 위한 상소로 바꾸어 놓았다. 수녀들이 사용하던 방은 숙소로 바뀌었고, 수녀들의 일터에는 집회 시설이 들어섰다. 마구간으로 사용되던 건물은 아주 분위기 있는 손님 숙소로 탈바꿈하였다. 수도사들의 방이 마구간이 된 '끌뤼니수도원'과는 반대의 현상이라고 할 수 있지 않을까 생각된다.

옛날 수도원의 '십자가 마당(Kreuzhof)' 중심에 있는 샘과 그 주변을 묵상 정원으로 만들었다. 고풍스런 바로크 예배당은 예배와 예전의 장소로 새로 사용되었다. 그 예배당의 아기를 안고 있는 요셉상과 오르간과 종은 교회 예술의 고귀함을 보여 주는 뜻 깊은 예술품이다.

특히 아기 예수를 안고 있는 요셉상은 세계에서 몇 개 안 되는 희귀한 것이라고 한다. 그것도 수녀원에 그러한 요셉상이 있었다는 건 많은 걸 생각하게 한다. 옛 수녀들이 묻힌 묘지들과 채마전은 많은 것을 침묵으로 말해 주는 공간이다. 매점으로 꾸며놓은 작은 집은 영성 생활에 필요한 책과 음악과 소품 등 흔히 구하기 어려운 물품들이 가득하다. 작지만 큰 공간처럼 보이는 곳이다. 거기에는 이 수도원에서 가진 여러 모임의 결과물도 있다. 특히 예전 관계의 물품들에 공을 많이 들이는 느낌이었다. 그리고 무엇보다도 주변의 번다함에서 뚝 떨어진 숲 속의 장소는 장소만으로도 영성적이다.

1990년대에 젊은이들을 대거 받아들이면서 '미하엘 공동체(Michaels-gemeinschft)'로 확대된다. 시대의 변화를 수용한 셈이다. 물론 '미하엘형제단'과 '베르노이흐너 딘스트'는 존속하면서 더해진 것이다. 그 영성의 중심은 역시 '미하엘형제단'이 아닌가 싶다. 이렇게 세 가지 조직이 있어 그 대표적으로 말할 때는 편의상 '키르히베르크수도원'이라고 말한다.

3. 그 영성과 목표 – 영성적 연대와 삶의 변화

'키르히베르크수도원'의 영성은 한 마디로 수도원 영성의 일상생활화인 것 같다. 모든 것을 떠나 함께 모여 살 수는 없지만, 수도원적 영성을 각자의 삶 속에서 누리며 연대하려는 마음이 이런 모습으로 드러난다고 하겠다. 이들이 가지고 있는 영적 삶의 여섯 가지 규칙이 이를 잘 보여 준다. 이 규칙은 초기 지도자인 빌헤름 스테린(Wilhelm Staehlin)이 만들고 발터 로츠(Walter Lotz)가 개정했다.

첫째, 누구나 자기를 살피는 침잠의 시간과 묵상할 수 있는 시간이 필요하다. 나는 이 귀한 시간을 놓치지 않겠다.

둘째, 성경 말씀은 성도들의 믿음의 근원이다. 나는 그 안에서 고향 같은 친숙함을 갖도록 힘쓰겠다.

셋째, 기도는 영적 호흡과 같다. 나는 기도로써 나를 현존하시는 하나님께 내어 놓고, 중보기도로써 나의 이웃과 연합하겠다.

넷째, 그리스도인은 모두가 알아볼 만큼 삶의 현장과 교회에서 실제적으로 그리스도인으로 살아야 한다. 나는 하나님께 드리는 예배에서 설교 말씀과 성만찬에 참석하며 교회에 봉사하고자 준비하고 있

⋮ 키르히베르크수도원의 카타리넨 예배당

겠다.

다섯째, 성도에게 마땅한 삶은 하나님 앞에서 책임 있는 존재로 예수님의 뜻에 따라 이웃을 위해 봉사하는 것이다. 나는 그런 의무감을 갖고 살겠다.

여섯째, 사람은 고립되어 살아서는 안 된다. 자기 일을 혼자 결정하는 것은 좋지 않다. 나는 다른 이가 나의 길을 동행해 준다는 것을 인정하고, 영적 지도자인 목사님의 조언에 나의 마음을 열겠다. 이 영성의 중심에는 열린 마음과 연합하고자 하는 마음이 있다.

이러한 개인의 영성적인 각성과 갱신에서 이 공동체는 세 가지 구체적인 목표를 가지고 있다. 첫째, 교회 갱신이다. 둘째, 교회 연합이다. 셋째, 교회의 사회적 책임을 감당하는 것이다. 교회 갱신은 '개혁된 교회는 끊임없이 개혁되어야 한다'는 종교 개혁 정신의 실천이다. 교회의 사도성과 거룩성을 지향하는 것이라고 하겠다. 교회 연합은 교회의 에큐메니칼 정신의 실천이다. 교회의 단일성과 보편성을 지향하는 것이라고 하겠다. 교회의 사회적 책임은 세상의 소금과 빛의 실천이다. 하나님 나라를 지향하는 것이라고 하겠다.

이러한 실천은 회원 개인으로부터 시작함을 강조한다. 교회의 갱신에 앞서 개인 자신의 변화를 위해 헌신할 각오를 가져야 한다. 자신을 변화시킬 각오와 헌신이 없는 교회 갱신은 헛된 구호이다. 묵상과 기도, 말씀의 숙고와 예배, 무엇보다도 성찬식을 통하여 하나님의 역사하심에 마음을 열어야 함을 강조한다. 거기에서 주님께서 약속하신 평화를 체험하고 개인의 삶이 변화되고 교회의 사명과 온 세계에 영향을 미치게 된다고 믿는다. 누구나 자신의 삶의 자리에서 이렇게 살아야 한다고 본다. 각자 어디에서 무엇을 하며 살든지 서로를 위한 중보기도 속에서 개인의 고립에서 벗어나 하나의 영적인 공동체로서 세워져 이 공동체적인 사명을 수행한다고 믿는다. 연대적 영성 생활이 가져 오는 삶과 교회와 사회의 변화를 확신하는 것이다.

4. 개인 묵상과 공동체적 훈련과 공동 축제

'키르히베르크수도원'에서 사는 사람은 관리를 맡은 사람뿐이다. 그러나 이 수도원에는 많은 행사와 훈련이 있다. 일 년 계획이 일 년 전에 이미 계획되고 확정된다. 이들의 사역은 크게 영성 훈련 사역과 회원들이 교회에서 하는 행사와 '미하엘 형제난'이나 '미하엘 공동체'의 행사이다.

영성 훈련 사역은 매우 광범위하다. 기도나 묵상, 성경 공부와 중보기도, 예배와 예전, 예배 음악과 묵상 음악 등 직접적인 영성 훈련을 비롯하여, 영

성과 관련된 여러 분야에 대한 세미나와 훈련이 주어진다. 예를 들면 심리학 분야나, 상담 분야, 영적 치유 분야, 심지어는 다른 종교의 수련법에 대한 세미나도 연다. 또 구체적인 삶의 자리인 가정이나 직장에서의 삶도 중요 주제이다. 장애인이나 소외 계층 사람들과 함께 하는 주제도 있다. 변화되는 사회를 이해하고 대응책을 모색하는 주제도 있고, 세계적인 사조에 대한 이해를 높이려는 노력도 있다. 성도의 삶과 관련된 모든 분야를 다룬다고 보면 된다.

짧게는 2박 3일, 길게는 일주일 단위로 한다. 강사나 인도자는 그 분야의 전문가가 초청된다. 일 년 전 쯤 계획되어 알려지기 때문에 강사도 참여자도 충분히 준비된 상태에서 진행된다. 물론 이런 탐구와 모색은 그 사조나 경향을 따라가려는 데 목적이 있는 것이 아니고, 이해하며 효과적으로 거슬러 올라가기 위한 것이다. 이런 모임에는 회원은 물론 일반인들도 참여할 수 있다. 미리미리 알려지기 때문에 누구나 관심 있는 분야에 참여할 수 있도록 열려 있다. 미리 신청만 하고 참여하면 된다. 회원들의 교회에서 성도들을 위탁하기도 하고, 아름 해서 스스로 참여하기도 한다. 목회자 회원들은 이러한 모임을 통해 개신교회로서는 하기 힘든 훈련에 성도들을 참석시킴으로써, 일정 부분 말하자면 공동 목회를 하는 것으로 이해되기도 했다.

또한 회원들이나 회원들의 교회에서 자체 행사를 할 수 있다. 이를테면 모임별 수련회를 하기도 한다. 특히 교회의 가족 수련회를 많이 한다고 한다. 특별한 목적을 가진 모임의 자체 집회도 할 수 있다고 한다. 선교회나 봉사회, 그리고 여러 임의 단체의 모임도 자유롭게 할 수 있다.

일 년 전 쯤 미리미리 신청하여 시간을 허락받으면 그렇게 할 수 있다.

그리고 회원들의 모임이 중요하다. 일 년에 한번 모이는 '미하엘 축제'를 비롯해 그들의 정기 집회와 필요에 따라 모이는 집회가 그것이다. 아마도 회원들의 영성적 나눔과 격려, 심화되는 훈련과 나눔, 그리고 여러 가지 운영에 대한 점검 같은 성격의 모임이라고 짐작된다. 이러한 모임을 통해서 더욱 결속을 다지고 깊고도 풍성한 영성적 삶을 누리며 나누는 것이라고 본다. 이들이 만들어 낸 공동체 예배의 예전 찬양은 참으로 깊고 풍성한 영성을 담고 있다. 독일어로만 들을 수 있는 안타까움이 있지만 그들 영성의 한 진면목을 볼 수 있는 것이라 생각된다. 또 그들의 출판물과 예술품들은 그들의 활동을 짐작하기에 충분했다.

그러나 여러 번 이 '키르히베르크수도원'을 방문하면서 한 가지 아쉬웠던 점이 있다. 그들이 교회 갱신과 교회 연합과 시회적인 책임을 어떻게 감당하고 있는지 그 구체적인 것을 잘 알 수가 없었다. 특히 이들이 결성되기 시작한 1930년대는 나치즘이 독일을 장악하던 시대여서 그 힘든 시절을 어떻게 감당했는지 궁금했고, 전후 격변하는 세상 속에서 그들이 처해 있는 개인적 경건주의의 한계를 어떻게 극복해 나갔는지, 그를 위해 구체적으로 한 일이 무엇인지 정말 궁금했지만 알 길이 없었다. 참 여러 번 '키르히베르크수도원'에 갔지만 거기에 대해서 합당하게 대화를 나누거나 안내해 줄 사람을 만나지 못했다. 그러나 우리 시대에 자신의 삶의 자리를 떠나지 않으면서 깊고도 풍성한 영성적 삶을 살아가려고 진지하게 모색하고, 연합하여 실천하려는 목회자와 평신도가 있다는 사실만으로도 얼마나 큰 도전과 위안이 되는가? 어차

피 한 공동체가 모든 것을 완벽하게 감당하는 것을 바랄 수는 없는 일 아닌가?

5. 영성적인 삶의 연대를 꿈꾸며, 기도하며

'키르히베르크수도원'에 갈 때마다 한국 교회를 생각했다. 우리의 시대를 바라보았다. 우리 한국의 개신교회 목사님들과 성도님들 중에 교회 안에서, 삶 속에서 영성적인 갈급함을 느끼지 않는 사람이 있을까? 주님 앞에 정직하려고만 한다면 누구나 공감할 수 있는 영적인 목마름을 체험한다. 그러나 그렇다고 해서 훌쩍 떠날 수 있는 형편도 아니다. 무언가에 질기게 매여 있다. 아마 이 '키르히베르크수도원'에 그렇게 공감할 수 있었던 것은 떠날래야 떠날 수 없는 처지가 비슷해서 그러지 않았을까? 그리고 삶의 자리를 떠날 수 없는 목회자나 성도들이 깊고도 풍성한 영성적 삶을 지속할 수 있는 한 범례처럼 생각되어서 그랬던 것 같다. 이제 한국에서도 같은 영적인 고민과 지향점을 가진 사람들을 성령님께서 묶어 주시기를 기도하는 마음이 간절하다.

은총의 기적, 순종의 기적

그리스도형제회공동체 젤비츠의 영성

1. 가능성의 시장에서

'독일 개신교회의 날(Deutscher Evangelischer Kirchentag)' 을 나는 참 좋아했다. 나는 그 행사에 다섯 차례(1989, 1991, 1993, 1995, 1999) 참여했다. 독일 개신교회의 날은 2년에 한 번씩 독일의 중요 도시를 돌며 약 한 주간 동안 열리는 독일 개신교회의 신앙 축제라고 말할 수 있다. 그냥 간단히 '교회의 날(Kirchentag)'이라고도 한다. 지난 2년 동안의 신앙적 실천을 반성하고, 앞으로 2년 동안의 신앙적 실천을 모색하는 자리이다. 평신도들이 주관하고 교회가 이를 지원한다고 한다. 이를 위해서 전국적인 규모의 상설 기구가 있고, 축제 기간 동안은 수많은 기관과 단체와 자원봉사자들과 교회가 함께 한다. 매번 주로 젊은이들이 주축이 되어 연간 100만 명 이상이 전국에서 모인다. 거의 국민적인 관심 속에서 진행된다. 거기에 가면 독일 개신교회의 거의 모든 모습을 만날 수 있다. 신학과 실천, 영성과 예전, 선교와 봉사, 교회와 사회, 다른 교회, 타종교와 세계와 만남 등, 신앙과 관련이 없어 보이는 부분까지 총망라되어 있다. 어떤 것도 배제하지 않는 듯하다. 다양함 속에서 하나됨을 추구하는 듯 보인다. 거기서 그들의 현실과 고민과 열망과 비전의 많은 부분을 그대로 느낄 수 있다. '교회의 날'은 독일 개신교회의 현실이기도 하고 미래이기도 하다. 그런 큰 규모의 행사를 무리 없이 해내는 것이 독일 개신교회의 힘이기도 하다. 평소에는 잠잠해 보이던 사람들이 어떻게 그런 일을 해내는지 그 저력이 대단하다.

‡ 그리스도형제회공동체 전경

그건 참 부러운 모습이기도 하다.

　이 '교회의 날'에는 언제나 '가능성의 시장(Der Markt der Möglichkeit)'이 열린다. 세계 박람회를 열만한 큰 전시장(Messe)에서 진행된다. 신앙의 이름으로 행해지는 거의 모든 일들이 소개되는 자리이다. 신앙의 거의 모든 영역과 분야가 망라되어 있다. 말 그대로 거의 모든 가능성을 만날 수 있는 자리이다. 거기서 사람들은 자신들이 하고 있는 일을 소개하고, 자신들이 얻고 싶은 정보를 얻는다. 신념을 위해 격렬한 논쟁도 하고 서로가 정직한 질문을 안고 돌아서기도 한다.

‡ 필자와 마테우스 형제

사람과 삶이 만나 교제를 나누고, 친구도 되고 동지도 된다. 그야말로
열린 공간에서 신앙의 이름으로 형제적 사귐을 갖는 자리이다. 이 '가
능성의 시장'에서 그는 온 몸에 배인 수도자적인 평온한 미소로 나를
맞아 주었다.

2. 400여 년 만에 나타난 개신교 수도원을 만나다

  마테우스 형제(Br. Matthäus), 그는 독일 개신교회에서 수도원이 사라진 지 400여 년 만에 다시 나타난 개신교 수도 공동체인 '그리스도형제회공동체 / 젤비츠(Communität Christusbruderschaft Selbitz)'를 소개해 주었다. 그건 감동이었다. 영성 운동에 관심을 가지면서 그 모체가 되는 수도원에 주의를 기울이게 되었고, 독일에서 살면서 많은 카톨릭 수도원을 접하면서 개신교적 수도원에 대한 목마른 열망을 가지고 있었는데, 바로 '가능성의 시장'에서 그렇게 만났으니 감동이 아닐 수 없었다. 마테우스 형제와 그 자리에서 의기투합하여 많은 이야기를 나누었다. 그의 이야기는 대충 이러했다. 프로테스탄트 교회가 수도원을 잃어버린 지 400여 년이 훨씬 지나서 제2차 세계대전 이후 일련의 서로 독립적인 개신교 수도단과 공동체들이 독일에서 세워졌다고 한다. 그들의 공동체적 삶은 옛 수도 규칙들, 이른바 복음적인 규범으로 청빈과 순결과 순종에 따라 사는, '그리스도를 따르는' 삶이 전부라고 했다. 그들은 시간에 따라 기도하는 걸 통해서 기도와 노동의 리듬으로 일상생활을 한다고 한다. 그들은 종교 개혁 이전 기독교회의 수도단 전통(Ordenstrdition)을 그들의 공동체에 접목시킨 것이다.' 젤비츠에 있는 '그리스도형제회공동체'도 그들 중의 하나이다. 눈앞에서 생생하게 살아있는 개신교회의 수도 공동체를 만나게 된 것이다.

  어떻게, 왜 루터 종교 개혁 이후 독일 개신교회에서 수도원이 사라지게 되었는가? 마르틴 루터는 종교 개혁을 진행하면서 '오직 이신칭의(以信稱義, Justification by only Faith)의 복음'에 반하는 '행위복음적(行爲福音的, 무엇을 행함으로 구원을 얻는다는 모든 주장, 공덕주의적인 모든 견해)인 모든 모습'을 철저하게 제거하려고 했다. 이에 따라 직접적인 철퇴를 맞은 곳이 수도원이었다. 루터는 수도원이야말로 모든 카톨릭적인 신앙과 신학의 집성체로 보았던 것이다. 루터 자신이 수도사로서 오랫동안 살아 왔기에 그 당시 수도원의 실정을 누구보다도 잘 안다고 하는 것이 오히려 그것을 부추겼을 것이다. 루터는 수도원에서 정해놓은 모든 수도 생활을 힘을 다하여 수행했다. 그리고 개인적으로 그 이상으로 철저하게 수행했다. 그러나 그는 그 수도 행위로써는 하나님 앞에서 의롭다고 인정받을 수 없음을 뼈저리게 경험했다. 수도 생활을 하면 할수록 그는 점점 영적인 평안을 누릴 수가 없었다. 동시에 오직 하나님의 말씀에 나타난 하나님의 은혜를 믿음으로 그렇게도 소원하던 영적인 평안을 체험한 후 그의 모든 것이 바뀌었던 것도 그의 수도원에 대한 태도에 결정적인 역할을 했던 것이라고 하겠다. 그래서 수도원적인 모든 가치를 부정할 수밖에 없었던 것이라 생각된다. 지금 와서 생각해 보면 그건 어쩌면 과도한 개혁이었다. 그러나 당시 카톨릭교회와의 차별화를 최우선 과제로 둘 수밖에 없었던 형편을 고려하면 이해가 가기도 한다.

이런 이유와 과정을 통해 독일 개신교회에서는 수도원이 사라졌고 이는 독일 개신교회의 영성사(Die Geschichte der Spiritualität)에 중대한 영향을 미쳤다고 하겠다. 무엇이든지 그렇지 않은가? 부정(좀

定)하기는 쉬워도, 그 부정을 딛고 새 것을 세우기는 어려운 것이다. 수도원을 부정하고 파괴하는 일보다는 새로운 영성의 흐름과 요람을 만드는 일이 더 어려울 수밖에 없다. 이렇게 독일 개신교회는 영성의 요람이라고 할 수 있는 수도원 없이 400여 년을 지내 온 것이다. '철저하게 개신교적 신앙과 신학에 터한 수도원을 어떻게 세울 수 있을까?' 하는 질문 역시 어찌 보면 철저하게 금기시 된 질문이 아니었나 생각되기도 한다. 무엇보다도 '그 중요성과 필요성을 인정조차 하지 않은 것은 아니었나?' 반성하게 되기도 한다.

⋮ 그리스도형제회공동체의 여성 수도자들

3. 은총의 사람, 순종의 사람

　　이러한 전통에서 수도원적 삶과 공동체를 이루어 가려고 할 때 몰이해와 비난과 온갖 방해를 감수하지 않을 수 없음은 자명한 이치이다. '젤비츠 그리스도형제회공동체(Communität Christusbruderschaft Selbitz)'를 세운 발터 휨머 목사 내외(Walter Hümmer, Hanna Hümmer)도 수많은 난관을 헤쳐 나가야 했다. 이 공동체가 태동한 1930년대 후반 당시 독일에서 개신교 목사가, 그것도 교회를 담당한 교구 목사가 수도원적인 삶을 살고 수도 공동체를 이룬다는 건 가능성이 거의 없어 보이는 일이었다. 더욱이 휨머 목사가 속했던 바이에른 주교회(Evangelische Bayerische Landeskirche)는 전통적으로 가장 보수적인 성향을 띤 루터 교회였다. 그리고 시대 정황도 제2차 세계대전이 발발한 전후의 살벌한 분위기였다. 그러나 하나님은 가장 어려운 상황에서 그 일을 이루셨다. 그것도 격리된 산 속이나 은둔지에서가 아니라 영적으로 메마른 사람들이 살아가고 있는 도시의 한 가운데서 교구 목사를 중심으로 개신교 수도원을 일으키셨다.

　　물론 휨머 목사도 처음부터 수도 공동체를 세우려고 했던 것은 아니었다. 모든 결정을 하는 데 있어서 언제나 '하나님의 뜻이 어디에 있는가?'를 물었던 젊은 휨머 목사 내외는 매력적인 여러 교회와 교회 고위직의 제안을 사양하고 고향에서 멀지 않은 슈바르첸바흐/잘레(Schwarzenbach/Saale)에 있는 교회의 제2목사로 가기로 결정했다.

‡ 창립자 발터 휨머 목사와 한나 휨머 사모

휨머 목사가 28세 때인 1937년 7월 1일이었다. 슈바르첸바흐/잘레는 오버프랑켄에 있는 공업 도시로 시민의 대부분은 노동자였다. 그들은 교회를 아주 멀리했으므로 젊은 휨머 목사 내외는 몇 년 동안 어려운 목회를 했다. 그들이 여러 해 동안 꾸준히 교회 부흥을 위해 기도한 끝에 점차로 여성들과 젊은이들이 목사 내외의 믿음과 복음의 말씀에 감화되어 기도와 성경 공부 모임으로 모이기 시작했다. 1942년에 휨머 목사는 전쟁터에 나갔다가 1945년에 돌아왔다. 그동안 휨머 사모님이 교회를 이끌었다.

이때 슈바르첸바흐(Schwarzenbach)의 목사관이 생명력 있는 교회의 중심이 되었다. 그때 몇 명의 젊은 여자와 남자들이 자기의 삶을 예수님을 위해 바치기로 결단했다. 그러나 그들은 개신교도들로서 기존의 수녀원이나 수도원에 간다는 건 상상할 수가 없었다. 그래서 더

⋮ 그리스도형제회공동체의 남성 수도자들

욱 기도하며 하나님의 음성을 듣는 일에 열중했다. 1948년 성 금요일부터 젊은 그리스도인들이 기도하던 중에 개신교 수도단으로서 공동생활을 시작해야겠다고 생각했다. 이 초석을 놓는 시간에 그리스도의 십자가 체험이 설교되었다. 그 때부터 가시 면류관 십자가와 심장이 이 공동체의 상징이 되었다.

이 초창기에는 주로 한나 휨머 사모의 예언자적 은사를 통해 지침이 되는 말씀들이 선포되었다. 휨머 목사 내외는 세 가지 복음적인 규범인 청빈, 순결, 순종에 따라 수도단적 삶을 만드는 것을 더 분명히 했다. 그리스도와 서로에게서 하나 되는 체험이 '그리스도 형제회(Christusbruderschaft)'라는 이름 안에서 더욱 농축되었다. Christusbruderschaft는 형제로서 그리스도를 체험하게 되는 것이고, 그리스도 안에서 서로 형제들과 자매들이 되는 것을 의미했다. 루터가 말한 "우리는 다른 사람에게 하나의 그리스도가 되어야 합니다."가 구체적으로 드러난 모습이었다.

1949년 1월 1일 슈바르첸바흐 교회에서 성찬 예배를 드리며 이 수도원 공동체 생활이 시작되었다. 그때 아주 간단한 수도자 복장을 입기로 결정했다. 그들은 교회 목사관에서 수도원 공동생활을 시작했다. 그런데 슈바르첸바흐 교회 목사관은 옛 프랜시스칸 수노원의 자리였다. 바로 그 자리에 수백 년 후에 개신교 수도원 공동체가 설립된 것은 신비스러운 일이 아닐 수 없다. 놀라운 일이었다. 프랜시스칸 수도자들의 영성이 이어져 살아난 것이 아닌가? 하나님의 신비한 섭리를 느낄 수 있는 대목이다.

물론 개신교 수도원을 교회 내에서 시작한다는 데에 개인적, 교회적인 어려움이 왜 없었겠는가? 이들은 큰 고통과 갈등을 이기고 부모와 이별하고, 직장과 학교를 사직했다. 당연히 교회 당국에서는 이 수도단이 생기는 것에 비판적인 태도를 취했다. 휨머 목사의 과제는 개신교 신앙과 신학에 저촉되지 않으면서도 수도원적 삶과 수도원적 공동체를 어떻게 이룰 수 있느냐 하는 것이었다. 그는 이를 위하여 수많은 편지와 토론을 통해 교회 당국과 동료 목사들을 이해시키려고 노력했고, 새로 생긴 수도 공동체를 변호했다. 휨머 목사는 자매들과 형제들로 이루어진 개신교적 수도 공동체의 존재를 설명하고 신학적으로 변호했다. 교회 당국에 보낸 편지에서 그는 "루터 교회의 한가운데서 하나의 개신교적인 수도단이 공적으로 인정될 때까지 비정기적인 주체로 활동할 것입니다. 이는 어머니 교회에 수혈하는 것과 같은 삶이 될 것입니다. 우리는 서로 인내를 가져야 합니다."라고 썼다. 그렇지만 여러 곳에서 비난과 문제 제기가 계속되었다. 주교회 감독은 이를 무마시키기 위해서 젤비츠(Selbitz)로 공동체를 옮길 것을 권했다. 그리고 휨머 목사를 그곳 교회의 담임목사가 되게 했다. 일종의 좌천이었다. 젤비츠(Selbitz)는 당시 얼음 창고라고 불릴 정도로 버려진 황무지였다고 한다.

여기서 잠시 숨을 돌리고 이 개신교 수도원 공동체를 세운 발터 휨머 목사 내외의 영적인 뿌리를 일별할 필요가 있다. 이 수도원 공동체의 모습은 그들의 영성에 결정적으로 의존하고 있기 때문이다. 휨머 목사는 설교에 귀한 은사가 있었고, 휨머 사모님은 성령의 은사가 강한 사람이었다. 이들이 조화를 이루어 아름다운 사역을 감당했다.

우선 휨머 목사 내외는 철저하게 교회의 전통에 서 있었다. 루터교적 유래는 바뀔 수 없었다. 그들은 공동생활을 위하여, 매일의 회개를 강조하는 데 있어서, 복음적인 영역과 교회적인 전통에서 사는 삶을 높게 평가함에 있어서 말씀과 성례전의 중심적 의미를 제시했다. 두 사람 다 경건주의의 영적 체험들을 받아들였다. 그래서 처음에는 예전적인 기도문 읽기와 예수 그리스도와 개인적인 관계에서의 자유 기도를 병행했다. 휨머 목사는 자주 "우리는 루터교적 경건주의자들이고, 경건주의적인 루터교도들이다."라고 말했다.

　　휨머 목사 내외의 공동적인 삶을 위한 영감은 성경의 말씀을 함께 듣는 데서 왔다. 이는 그들이 약혼자 시절에 뮌헨에서 접한 옥스퍼드 운동(Oxford-Gruppenbewegung)의 영향이었다고 한다. "성령님이 일상생활에 역사하신다." "하나님의 음성에 귀 기울이는 이에게 하나님께서는 말씀하시고, 하나님께 순종하는 사람들을 통해서 역사하신다(Frank Buchman / 옥스퍼드 운동 창시자)." 이 모임은 정기적으로 모여서 묵상의 시간(Stille Zeit)을 갖고, 서로의 의견을 교환하고 기도하는 것이 기본 요소였다. 이 경험이 후에 공동체를 결성하는 데 중요한 역할을 했다고 한다.

　　특히 「그리스도를 본받아(Nachfolge Christi)」를 쓴 '토마스 아 켐피스(Thomas a Kempis)'의 '공동생활형제단(Bruderschft vom gemeinsamen Leben)'에서 그들의 영적인 지침을 얻었다. 그리고 '디트리히 본회퍼(Dietrich Bonhöffer)'의 「신도의 공동생활(Gemeinsames Leben)」에서 휨머 목사 내외는 자신의 공동생활의 신학적 기초를 발견

‡ 묵상 시간

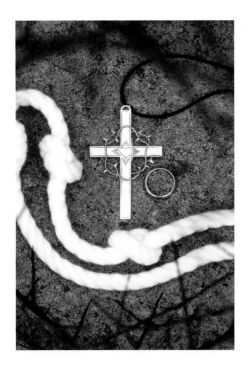

◂··· 그리스도형제회의 상징들
가난, 순결, 복종을 의미한다.

했다고 한다.

　　그러나 무엇보다 더 중요한 것은 휨머 목사 내외가 하나님의 은총에 말 그대로 매여 사는 사람들이었고, 하나님의 은총에 단순하게 순종하는 사람이었다는 것이다. 하나님의 은총과 사람의 순종은 기적의 삶과 역사를 만들어 내는 법이다. 아니 그렇게 사는 사람들에게는 모든 게 기적일 수밖에 없다. 그야말로 일상이 기적이 되고, 기적이 일상이 되는 것이다. 여기서는 거의 언급하지 않았지만 그들에 관한 전기와 증언이 그것을 증언하고 있다.

4. 은총과 순종의 기적 - 수도원 공동체의 역사

　　1949년 수도 공동체가 설립된 이후의 역사는 대략 두 기간으로 나뉜다. 첫 번째 기간은 휨머 목사 내외가 생존하여 이 수도원 공동체를 이끌던 시기이다. 1949년부터 1977년(1972년 발터 휨머 목사 서거, 1977년 한나 휨머 사모 서거)까지이다. 이 기간은 '그리스도형제회공동체'의 내적 영성과 외적인 틀이 갖추어지는 시기였다. 휨머 목사 내외의 카리스마적 지도력이 이끌어 가던 시기이다. '젤비츠(Selbitz)'에 있는 핵심되는 3개의 공동체 건물들도 이 기간에 모두 지어졌다. 그 건물들은 각각 예전(Leiturgia / 수도원 건물(Ordenhaus)), 선포(Martyria / 손님들을 위한 집-만남과 명상의 집(Gasthaus-Begegnungs und

Einkehrhaus)), 봉사(Diakonia / 섬김의 집(Diakoniehaus) - 양로원, 과수원)의 다른 중점을 두고 세워졌고, 그 목적에 쓰이고 있다. 이는 이들의 중요 사역이라 할 수 있다. 수도원적 삶을 살면서 영적으로 목마른 사람들을 돕는 사역과 돌봄이 필요한 사람들을 섬기는 일이다. 지금까지 계속되고 있다. 휨머 목사는 1957년 젤비츠 교회 담임목사직을 사임하고 '그리스도형제회공동체'에 전념했고, 1965년 바이에른 주교회로부터 교회 참사관(Kirchenrat)에 임명되었다. 그리고 1976년 루터교회 감독 협의회에서 정식으로 개신교 수도원 공동체로 인준되었다. 이 세월 전체와 이 기간에 일어났던 모든 일은 하나님의 은총이었다. 그리고 그 은총에 순종한 사람들을 통해 하나님께서 일구신 기적이었다. 그때 그들은 오직 순종으로 그런 기적 같은 일을 감당해 내었다.

두 번째 기간은 휨머 목사 내외 서거 이후부터 현재까지이다. 휨머 목사 내외 서거 이후 수년 동안 매우 힘든 과도기를 거쳤다. 첫 세대에서 둘째 세대로 넘어가는 데 많은 어려움이 있었다. 휨머 목사 내외는 그들의 인품으로 공동체를 결속시켰지만 그들이 사라진 자리에는 그 역할을 할 사람이 없었던 것이다. 서로 다른 인품, 학문의 차이, 종교적 배경 또는 세대의 차이(전쟁 세대의 궁핍함과 전후 세대의 풍성한 삶의 차이)로 이 두 번째 세대는 첫 세대가 가졌던 해답을 그대로 물려받아 살 수가 없었고, 새롭게 오늘의 하나님의 뜻을 다시 물어야 했다. 이러한 와중에서 14명의 자매들과 7명의 형제가 1984년에 바이어리쉔 발트(Bayerischen Wald)에 '팔켄슈타인크리스투스형제공동체(Christus Brudergemeinschaft Falkenstein)'를 설립했다. 공동체가 나누어진 것이다. 이러한 진통 속에서 설립자로부터 받은 영적인 유산과 공동체가 앞으로 가야할 길에 대해 많은 토론과 논쟁이 있은 후 먼저 지도자 문제를 해결해야 된다는 결론이 나왔다.

과도기엔 집단 지도 체제가 적절하다고 여겨졌다. 선거를 통해서 새로운 지도자들을 선출했다. 그리고 지금까지 가족적인 공동체에서 조직적인 공동체로의 전환이 필요하다는 인식을 공유하게 되었다. 그래서 휨머 목사 내외의 자료집과 지금까지의 공동체적 삶에서 공동체의 '규칙(Regel)'을 만들었다. 수도단 생활에 전적으로 참여할 수 있도록 하기 위하여 영적인 지도가 필요하다고 인정한 것이었다. 공동체는 서로 솔직하게 의사를 표시하고 충돌을 참아낼 수 있는 것을 배웠다. 그래서 해가 지나면서 사랑의 분위기와 서로 다른 사람들끼리 상대를 받아들일 수 있는 너그러움이 자라나게 되었다. 변혁의 시대에 인간의 무능함을 경험하고 성령님의 역사하심에 새로운 신뢰를 갖게 되었다. 주님에 대한 더 깊은 사랑이 여러 가지 기도와 창조적인 공동체의 부름을 받는 데에 대해 새로운 느낌을 갖게 했다. 많은 새로운 찬송가와 돌림 노래와 기도가 창작되었다. 많은 자매들과 형제들이 사제적인 은사를 받았고, 축복 기도와 치유 기도가 공동체의 사역으로 발전했다.

이러한 발전과 개혁의 시기에 다른 수도원들에 대한 열린 마음의 탐구는 매우 유익했다. 그때 많은 수도원과 접촉하게 되었다. 프란치스코수도단, 베네딕트수도단, 도미니칸수도단, 깔멜수도단, 예수잇수도단 그리고 영국국교회수도단 그 외에도 많은 수도단과 접촉했다. 예배 때 오래된 교회의 전통적인 예전을 받아들였고, 그레고리안 찬트로 부르는 시편과 동방 교회의 찬송, 그리고 우리 공동체의 찬송과 기도가 찬송가에 있는 찬송과 성경 말씀에 삽입되어 사용되었다. 하루 일과표도 점차 확정되었다. 아침 기도회가 6시 15분에 시작된다. 6시 45분부터 개인 묵상과 기도 시간, 개별적인 아침 식사를 하고 8시 10분부터 12시까지는 노동 시간이다. 이 사이에 11시부터 10분간 십자가 기도 시간이 있다. 12시에 공동으로 점심 식사를 한다. 14시부터 17시 30분까지 노동 시간인데 이 사이에 15시부터 30분간 공동 묵상 기도회를 가진다. 17시 30분에서 18시까지 저녁 기도회로 모이고 18시에 공동 저녁 식사를 하고 19시 30분부터 다양한 모임(성경 공부, 공동체의 밤, 성가대, 음악, 춤, 개인 자유 시간 등)을 가진다. 한 주에 두 번 20시에 전체기도회를 갖는다. 점차 새로운 모습의 수도회로 바뀌어 갔다. 위기에서 탈출한 것이다.

1990년대에는 여러 곳에 여러 형태의 지부를 두게 되었다. 위기를 벗어나 발전하고 있는 것이다. 현재는 5년 임기의 선출직 여, 남수도원장상(Priorin, Prior) 제도를 갖추게 되었고, 회원들도 전통적인 명칭인 Postulat(수습 지원자), Noviziat(수련 자원자), Juniorat(유기 서원자), 그리고 마지막으로 Profess(종신 서원자)로 부르기로 했다. 현재 약 120명의 자매와 4명의 형제들로 구성되어 있다. 젤비츠(Selbitz)에 본원이 있고, 세 곳의 분원(Kloster Wülfinghausen, Kloster Petersberg, Hof Birkensee)과 열 곳(이 중 한 곳은 아프리카 보츠와나에 있다.)의 봉사 지원이 있다. 생활은 공동체 자체 내의 자급자족을 원칙으로 한다. 이 수도 공동체를 지원하는 일종의 '재가(在家)수도자 모임(Tertiärgemeinschaft)'이 독일 전국적으로 28개 지역에 조직되어 활동을 지속하고 있다.

　　이 공동체가 과도기의 위기를 넘기고 새로운 발전과 개혁으로 나아간 것은 하나님의 은총이었다고 생각된다. 또한 그 은총을 믿고 견뎌낸 그들의 순종에서 가능했다고 본다. 또 한 번의 은총과 순종의 기적을 그들은 체험하고 사는 셈이다.

⋮ 그리스도형제회 호프 비르켄제 묵상의 집

5. 은총과 순종이 만들어낸 기적의 현장에서

나는 1995년 함부르크 교회의 날(1995 Hamburg Kirchentag) 에서 처음으로 '그리스도형제회공동체'를 알게 되었고, 거기에서 이 공동체의 마테우스 형제를 처음 만났다. 많이 아쉬웠다. 햇수로 7년간의 독일 선교 사역을 마치고 귀국이 임박한 시점이었기 때문이었다. '젤비츠(Selbitz)'로 가서 이 개신교 수도원 공동체를 방문할 시간적인 여유가 없었다. 그저 자료를 읽으며 이 수도원 공동체를 마음으로 그려보면서 언젠가 한번 꼭 방문하리라고 다짐했다. 그러다 1999년 내가 살던 슈투트가르트(Stuttgart)에서 '독일 교회의 날'이 열리자 내가 속한 교단(PCK)에서 방문단을 만들어 내게 안내역을 맡겼다. 일단 공무를 마치고 제일 먼저 달려 갔던 곳이 바로 이 수도원 공동체였다.

마테우스 형제는 변함없는 온화한 미소로 나를 맞아주었다. 오랜 수도자의 원숙한 모습을 느낄 수 있었다. 그러나 유감스럽게도 나는 그곳에 오래 머물러 있을 수 없었다. 생각 같아서는 며칠이라도 그곳에 머물러 그들과 함께 생활하면서 수도 생활의 단면이라도 보고 싶었지만 그럴 수가 없었다. 먼 길을 달려갔지만 내가 거기서 머물 수 있는 시간은 세 시간 남짓밖에 없었다. 무언가에 꽉 매여 사는 나의 모습이 부끄럽기도 하고 화도 났었다. 그렇게 주마간산(走馬看山) 격으로 잠깐 머물렀지만 그 안에 잘 정제된 평화의 분위기는 잊을 수가 없다. 그 때 대표장상(Priorin)과 약 30분 정도 이야기를 나누었다. 이 수도원 공동체의 역사와 정신, 그리고 현황과 과제에 대해 이야기 했던 것 같다. 하지만 정신이 없었던지 별로 기억에 남은 게 없다. 오후 예배에 참석했다. 그리스도 안에서 그리스도를 위한 아주 정갈한 예배하는 삶을 만날 수 있었다. 꾸밈없는 헌신된 삶이 뭉클 다가왔다. '그리스도인의 삶이 이런 것이다.' 하는 말 없는 설교였다. 그들의 얼굴은 참 해맑고 밝았다. 짧은 인사를 한 것이 기억에 남는다. 그들은 나를 먼 나라에서 온 그리스도 형제로 맞아주었다. 아마 하나님 나라에서도 그와 같으리라. 어디서 왔든 그것이 문제가 되지는 않았다. 그리스도 안에 있는 깊은 사랑과 신뢰를 느낄 수 있었다. 수도원 교회의 제단의 드림천이 매우 예술적으로 느껴졌다.

그리고 돌아오는 고속도로에서 경찰의 불심 검문을 받았다. 불심 검문이라는 게 유쾌할 리가 없지 않은가? 경찰차가 달리는 내 차 앞으로 추월하더니 자막으로 내 차를 유도했다. '나를 따라 오시오(Folgt mir nach!)' 순간 나는 어떤 영감을 받았다. 우리 주님이 베드로에게 하신 말씀이 아니었던가? 경찰 검문은 마약 운반자를 잡기 위한 것이었지만, 엉뚱하게 받은 이 주님의 말씀을 묵상하느라 불편한 심기 없이 잘 넘어갔다. 참 주님은 여러 가지 방법을 통해서도 말씀하시는구나! 그러면서 '아마도 Walter Hümmer 목사님 내외도 이런 주님의 말씀을 따라 살았겠지.'하는 생각이 스쳤다. 그분들은 자신에게 임한 은총에 순종함으로 이 땅에 기적을 일군 분들이었음이 새삼 가슴깊이 다가왔다. 그리고 그들이 뿌린 씨앗이 지금도 자라며 열매를 맺고 있음을 느꼈다. 그건 어떤 기적 체험보다 감격적인 체험이었다.

하나의 대화 자료

- 개신교 수도원, 수도 공동체를 꿈꾸는 사람들이 먼저 숙고하고 다루어야 할 영역과 과제들

I. 첫 번째 대화 자료 : 신학적인 검토

　　한국 개신교회 성도들인 경우, 수도원하면 대부분 먼저 카톨릭 교회(Catholic Church)적이라고 생각한다. 이 선입견과 오해가 개신교 수도원이나 수도 공동체 운동을 많이 제약하고, 잘할 수 없게 만드는 요소 중 하나라 하겠다. 한편 이 선입견과 오해를 무시하거나 뛰어넘어 개신교 수도원이나 수도 공동체 운동을 해 온 분들의 행적이나 그들의 수도원이나 수도 공동체 형태를 보면, 이러한 견해가 단순한 선입견과 오해라고만 할 수 없다고 본다. 워낙 개신교 내에 수도원 전통이 일천하기 때문에 수도 형태와 내용을 대부분 카톨릭 수도원에서 차용한 것이 많기 때문이다. 아직 대부분 한국 개신교인들에게는 동방 정교회(Orthodox Church)적인 전통은 거의 알려지지 않았기에 그러한 수도원과 수도 공동체를 우선 카톨릭적인 요소라고 생각한다고 하겠다. 이는 한국에서 영성 훈련이나 영성 운동을 하는 분들에게서도 거의 예외 없이 나타난다. 그분들이 영성 훈련받은 곳이 거의 대부분 카톨릭 영성 훈련 센터이고, 그분들이 받은 학위도 대부분 카톨릭 영성 신학과 연관이 되어 있기에 불가피한 일인 듯하다.

개신교 안에서 수도원과 수도 공동체 운동이 힘을 얻고 합당한 역할을 감당하려고 하면, 개신교인들이 가지고 있는 이러한 선입견과 오해를 우선 벗어버려야 한다고 본다. 그러기 위해서 이런 명제를 생각해 보아야 한다. '카톨릭적인 수도원 운동이 필요하고 가능하다면, 개신교적인 수도원 운동도 필요하고 가능하다.' 개신교 수도원이 카톨릭 수도원의 형태와 내용을 반드시 차용할 이유가 없다고 본다. 개신교 수도원의 전통이 없다면 창조적인 실천을 통해서 그것을 형성해 가면 될 것이다.

이는 무엇보다도 먼저 신학적인 검토가 필요한 영역이라고 하겠다. 주지하는 바와 같이 개신교회와 카톨릭교회는 신학적인 면에서 많은 공통점을 가지고 있다. 신학에서 가장 중요한 교리인 삼위일체 교회나 그리스도의 양성론에서 대동소이하다. 그러나 개신교회와 카톨릭교회 사이에는 결정적인 차이도 있다. 구원론과 교회론에서의 차이가 개신교회와 카톨릭교회를 서로 다른 모습으로 만들고 있다.

먼저 구원론에서 수도 운동과 영성 수련 문제를 짚어보자. 개신교회에서는 마틴 루터의 종교 개혁의 표어인 오직 은혜로(Sola Gratia), 오직 성서로(Sola Scriptura), 오직 믿음으로(Sola Fidei)의 고백에서 '오직 믿음으로만 구원 받는다(Salvation by Only Faith)'라는 구원론이 확립되었다. 반면 카톨릭교회는 트렌트 공의회(1545-1563)에서 확립된 '믿음과 행위로 구원받는다(Salvation by Faith and Work)'라는 구원론 위에 서 있다.

카톨릭 수도원이나 영성 운동은 '믿음과 행위로 구원 받는다'는 그들의 구원론과 정확하게 일치한다. 그들의 공덕주의 또는 공로주의와도 잘 조화된다. 그러나 개신교의 입장은 같을 수가 없다. '오직 믿음으로만 구원 받는다'고 고백하면 공덕주의가 설 자리가 없다. 어찌 보면 수도원과 영성 운동은 일정부분 공덕주의를 인정하는 게 더 편할지도 모른다. 아니 그것을 인정해야 수도운동과 영성 수련에 더욱 매진할 수 있을지도 모른다. 공로주의는 수도 운동과 영성 수련에 그만큼 확실한 동기와 보상을 주는 것일 수 있기 때문이다. 그렇지만 개신교 신앙에서는 이를 인정할 수 없다. 그래서 개신교인들이 이를 알든 모르든 카톨릭교회와 카톨릭 수도원에 대해서 민감하게 반응하는 것일 수가 있다. 그런데 개신교 신앙고백을 하면서, 개신교 수도원 운동이나 영성 수련을 하면서 '믿음과 행위로 구원받는다(Salvation by Faith and Work)'는 구원론에 입각해서 수립된 카톨릭 수도원 체제나 영성 수련을 그대로 차용한다면 개신교회에서는 문제가 아닐 수 없지 않은가?

'오직 믿음으로만 구원 받는다.'는 개신교 신앙고백 위에서 수도원과 영성 운동을 세워가려면, 공로주의의 함정을 피하면서도 어떻게 수도원 운동의 동기와 동력을 확보하느냐가 중요한 과제이다. 그것은 카톨릭 수도원과 영성 수련보다도 더 어려울 수 있다. 그러나 '오직 믿음으로만 구원 받는다'는 사실을 진리로 받아들인다면, 오히려 더 순수한 예수님의 복음으로, 더 깊고 풍성한 영성 수련으로 나아갈 수 있는 길이 그 신앙고백 자체에 담겨 있다고 본다. 쉽게 말하면 칭의(Justification) 이후 성화(Sanctification)의 삶에 대한 성서적 이해로 나아간다면 어렵지 않게 풀어 갈 수 있다고 본다. 똑같이 기도와 노동을 하고 선행을 한다고 해도 '구원에 관련된 공로'로 하는 것과 '구원받은 감격'으로 하는 것은 다를 수밖에 없는 것이다.

다음 교회론에서의 차이이다. 아주 거칠게 말하면 카톨릭교회론은 교황을 정점으로 하는 교직 제도(Hierachy)로 설명할 수 있다. 이 카톨릭교회론에서 교회는 하나님의 구원의 은총을 관리하는 기관(Institute)이다. 카톨릭교회는 칠성례(七聖禮 : 세례, 견진, 혼배, 고해, 성찬, 종유, 신품성사)를 가지고 이 구원의 은총을 관리한다. 카톨릭 수도원이나 영성 수련은 이 교회론 위에 서 있다. 이는 수도원이 교회의 우산 아래 있고, 교회를 위해 봉사하는 곳임을 분명하게 한다. 그러나 개신교회는 이 교회론을 수용하지 않는다. 마르틴 루터의 '교회의 바벨론 포로'는 이를 정면으로 거부한 유명한 소 논문이다. 개신교회는 교회를 '구원받은 성도들의 공동체'로 고백하고 있다. 이 같은 토대에서 '만인제사장설'도 고백한다.

이러한 차이는 수도원과 영성 운동에서도 매우 중요하다고 본다. 예를 들면 수도 서원에서 말하는 청빈, 순결, 순종도 어떤 신앙고백 위에서 하느냐 에 따라 많은 차이를 가져오기 때문이다. 사용하는 용어와 겉으로 보이는 행위는 같아 보일지 몰라도 그 말이 담고 있는 본질과 내용은 같은 것이 아니게 된다.

물론 개신교회의 입장에서도 카톨릭 수도원이나 영성 운동, 또는 동방 정교회의 수도원이나 영성 운동을 무조건 백안시 할 필요는 없다. 다른 한편 무조건 흠모하는 것도 곤란하다. 엄존하는 차이를 인정해야 한다. 1054년 정교회와 카톨릭교회가 나누어졌고, 1517년 카톨릭교회와 개신교회가 나누어졌다. 분화된 이후 각자는 각자의 신학적인 입장을 가지게 되었고, 그에 따라 각 교회의 영성이 형성되었다고 하겠다. 그 자신이 수도원에서 수도사로 살았던 마르틴 루터가 수도원과 수도원적인 영성을 부정하고, 그에 따라 개신교에서 수도원과 수도원적 영성이 사라진 이유를 깊이 생각해 보아야 한다. 그건 결코 교파적인 편견이나 자기옹호만이 아니다. 수도원이나 수도 공동체 운동의 필요성이나 목적, 그리고 체제와 방법까지 철저하게 개신교적으로 성찰해 보아야 할 것이다. 현실적으로 지금 있는 차이를 모른척하고 어느 일방으로 기울어진다면, 그것은 바람직한 통합이 아니라 일방적인 매몰이 될 수도 있을 것이다. 나누어지는 것과 같은 차이가 나타난 것은 그 나름대로의 이유와 정당성이 있기 때문이다. 그걸 무시해서는 안 된다. 각자의 입장에서 자기 모습을 또렷이 하는 것이야말로 진정한 하나됨으로 나아가는 첫 걸음이 되리라고 생각한다. 그렇게 걸음을 떼어 놓아야 언젠가는 수도원도 교회도 온전한 하나됨으로 나아갈 수 있게 되리라.

수도원은 아직 교회가 나누어지기 전에 시작되었다. 지역에 따른 특징이 있긴 했지만 수도원은 전(全)기독교 공유의 유산이었다. 궁극적으로 수도원이나 영성 운동은 카톨릭교회와 개신교회가 나눠지기 전, 아니 동방 정교회와 서방 카톨릭교회가 나누이기 전에 가지고 있었던 '복음적 영성'으로 나아가야 한다. 개신교 수도원과 영성 운동은 이 복음적 영성에서 세워져야 할 것이다. 그리고 카톨릭교회와 정교회의 수도원과 영성 운동도 자기 전통에 안주하며 그것만 고집할 것이 아니라 이 복음적 영성에서 끊임없이 새로워져야 할 것이다. 그런 면에서 동방 정교회와 개신교회 사이의 공통점과 차이점도 함께 배워나가야 할 것이며, 동방 정교회의 수도원과 영성수련에도 깊은 관심을 가져야 하리라고 본다. 물론 카톨릭교회와 개신교 사이의 공통점과 차이점도 함께 배우고, 양자(兩者) 간의 영성의 일치점과 차이점도 확인해야 할 것이다. 비교에서 본질과 현상, 그리고 특징과 공과가 더 잘 드러나기 때문이다. 이러한 개방성이야 말로 수도원과 영성 운동이 지향해야 할 방향이라 하겠다. 그 올바른 방향을 따라 실천하다 보면, 언젠가는 수도원과 영성 운동에서 하나됨을 이루고, 거기에서 하나된 교회를 이루어 가리라고 본다.

II. 두 번째 대화 자료 : 소유와 지배 형태에 관한 결정

수도원과 영성 운동의 형태와 내용을 결정짓는 요건으로 신학적인 요인만 있는 것은 아니다. 보다 현실적인 문제를 어떻게 다루느냐 하는 것도 매우 중요한 요인이다. 그것이 바로 소유와 지배의 형태에 관한 결정이다. 같은 신학적인 토대를 가진다고 해도, 이 소유와 지배의 행태를 어떻게 정하느냐에 따라 전혀 다른 수도원과 영성 운동의 모습이 되기 때문이다. 이를테면, 같은 신학적 토대 위에 서있는 카톨릭 수도원이 수많은 교단과 종파로 나누어져 있는 까닭도 여기에 있다. 물론 그 수도원이 지향하는 실천 목표에 의해서도 새로운 수도원이나 수도 공동체들이 생겨나기도 하지만 보다 근원적인 것은 아무래도 소유와 지배에 관한 결정이라 하겠다. 소유와 지배는 인간과 공동체의 삶의 형태이기도 하기 때문이다.

소유는 물질에 대한 태도나 재산에 관한 문제이다. 이 소유의 문제는 대체로 몇 가지 유형이 있다. 첫째로 철저하게 소유를 부정하는 것이다. 무소유를 주장하고 지향하는 형태다. 둘째로 수도원이나 공동체의 공동 소유는 인정하지만, 개인의 소유는 부정하는 형태다. 셋째로 공동체의 공동 소유도 인정하고, 제한적이지만 개인 소유도 인정하는 형태다. 이 소유에 대한 결정은 그 수도원과 영성에 결정적으로 영향을 미친다. 이는 실질적인 필요와 자기부정 사이의 관계를 어떻게 형성하느냐 하는 문제이기 때문이다. 거기서 어떤 '청빈'이냐와 그 '청빈'의 순도가 결정된다. 이는 숙고하고 또 숙고해야 할 일이다. 사회의 변화에 따라 그 시대에 적응하면서 이 소유에 대한 형태가 변화하기도 한다. 그러나 그 변화의 와중에 진통이 많다는 사실을 알아야 한다. 심한 경우에는 다툼과 분열로 이어지기도 한다. 왜냐하면 소유욕은 인간이 마지막까지 극복하기 어려운 죄성(罪性) 중에 하나이기 때문이다. 이를 결코 소홀히 해서는 안 된다.

물론 이것은 국가의 실정법적인 문제이기도 하다. 공동의 재산이라 할지라도 누구의 이름으로 등기할 것인가는 실제적인 법적인 일이다. 수도원의 유지나 사회 봉사를 위한 수익 사업을 할 때도 중요한 문제이다. 법인화를 시도할 때도 어떤 법인화(종교 법인, 사단 법인, 재단 법인, 복지 법인)로 하느냐가 문제가 되기도 한다. 기존 교단 법인에 들어가는 것도 한 방법일 수 있지만, 수도 공동체의 보다 많은 독자성을 확보하고 싶은 경향 때문에 많은 숙고가 필요하다.

　지배는 수도원과 영성 운동의 질서를 어떻게 만드느냐 하는 문제이다. 대부분의 수도원은 홀로 떠돌면서 수행하는 단독 수도를 지양하고 정착하여 공동 수도를 지향하기 때문에, 공동체 안에서 질서의 구조를 어떻게 만드느냐는 중요한 문제가 아닐 수 없다. '지배 없는 질서'를 꿈꾸지만, 아무리 수도 공동체라고 해도 인간의 현실에서는 매우 어려운 일이 아닐 수 없다. 소유욕과 마찬가지로 지배욕 또한 인간의 극복하기 어려운 마지막 죄성(罪性) 중에 하나이기 때문이다. 잘못 다룰 때에는 수도 공동체에 결정적인 고통을 안길 수도 있다. 많은 상처를 주고받을 수 있고, 분열이 일어날 수도 있고, 수도 공동체가 해체되기도 한다. 특히 이 질서를 위한 불가피한 지배가 '권력'으로 이해되고 행사될 때 그 피해는 말로 다할 수 없다.

　이 지배에 관한 결정은 순종에 대한 이해와 실천에 직접적인 연관이 있다. 여기에는 교회론적 구조가 중요하게 작용하기도 한다. 이 지배의 문제는 결국 결정권을 누가 어떻게 행사하는가 하는 문제로 귀착된다. 수도 공동체 전체 합의에 의한 질서, 수도 공동체 규칙에 따른 질서, 불문율적 수도 공동체의 전통에 따른 질서의 유형이 있다. 새로 시작된 수도 공동체가 이것이 형성되기까지는 오랜 시간이 필요하고 실제로 많은 시행착오를 거치기도 한다. 이점에서는 오랜 역사와 전통을 가진 카톨릭 수도원이나 동방 정교회 수도원은 많은 이점이 있다고 하겠다. 물론 그것이 새로운 시도를 하기에는 어려움이 되기도 하지만, 극단적인 상황까지 몰리는 것은 막아 줄 수 있다. 그렇지만 역사와 전통이 일천한 새로 시작되는 개신교 수도 공동체에서는 많은 연구와 숙고가 필요한 영역이라 하겠다.

구체적인 지도력을 형성하는 방법으로 '수도원 교단의 지명 또는 임명'이나 '수도 공동체의 천거와 임명'과 '자체 수도 공동체에서 선출과 인준' 등이 있다. 한 사람의 강력한 지도력을 세우기도 하고, 여러 사람의 집단 지도 체제를 택하기도 한다. 대체로 처음 설립자는 단독 지도력을 행사하지만, 두 번째 세대로 넘어가는 과도기에는 집단 지도 체제를 세우고, 안정이 되고 검증이 되면 다시 선출이나 추대에 의해 단독 지도력을 세우기도 한다. 처음에는 지명이 많고, 후대에는 선출로 가는 경우가 많다.

소유와 지배가 어떻게 관련되는지에 대해서도 숙고해 보아야 한다. 대체로 많은 소유가 더 많은 지배로 이어지기도 한다. 소유는 단순히 물질의 영역 문제만은 아니다. 영적인 소유 문제도 찬찬히 생각해 보아야 한다. 지배 역시 그렇다. 보이지 않는 지배가 더 심각할 수 있다. 그러니까 영적으로 보이는 신령한 은사를 많이 가진 자가 결국 수도 공동체를 지배하는 것이 정당한가 하는 문제로 이어진다는 말이다. 이 점에서 성서가 말하는 은사론과 지체론(대표적으로 고전 12장–14장)에 대한 깊은 묵상과 대화가 필요하다 하겠다.

III. 세 번째 대화 자료 : 성속(聖俗)이분법과 세속화

많은 사람들이 수도원 하면 세상을 등진 사람들의 공동체를 생각한다. 세상과 분리된 어떤 공동체를 상상하기도 한다. 무의식적으로 소위 성속(聖俗)이분법에 익숙한 탓이다. 거룩한 것과 세속적인 것을 구분하고 분리하려는 시도는 인류의 역사만큼이나 오래된 일이다. 그 기원은 그러하지 아니했을지라도, 현실에서는 이 성속(聖俗)의 구분과 분리는 무언가 가진 자의 '권력'을 강화하는 수단으로 이용되기도 했다. 수도원이나 수도 공동체는 그 속성상 거룩함을 지향하지 않을 수 없다. 그때 거룩한 것과 세속적인 것에 대한 이해와 그 관계를 어떻게 정립하느냐 하는 것은 그 수도원과 수도 공동체의 성격과 성향을 결정짓는 매우 중요한 요소이다.

인간의 성속이분법적 사고에는 함정이 있다. 자기도 모르게 인간적인 기준으로 하나님의 거룩을 제단하고 제한한다. 율법주의로 거룩에 이르려다 절망하기도 하고, 율법주의의 잣대로 사람들을 판단하고 정죄하기도 한다. 스스로 자립적인 인간을 꿈꾸며, 인간적인 자유를 갈망하는 세속화에도 함정이 있다. 인간적인 욕구로 하나님의 거룩을 무시하고 거부한다. 절대적인 것은 아무것도 없고 모든 걸 상대화시키고 다원화시킨다. 더 이상 인간을 압도하는 거룩을 인정하려고 하지 않는

다. 모든 절대와 거룩에 끝없이 저항하고 끝없이 피곤하다. 평안이 없다. 스스로 외에는 아무 기준도 허락하지 않다가 끝내는 자기 기준마저도 흔들린다. 혼돈에 빠진다. 마음대로 하고자 하지만 자유도 평안도 없다. 거룩을 잃어버린 모습이다.

우리가 살고 있는 시대는 이미 세속화된 세계다. 이런 시대, 이런 세계에서 거룩한 것은 무슨 의미를 갖는가? 거룩한 것과 세속적인 것의 구분과 분리를 말하기 전에 이미 거룩한 것이 세속적인 것에 철저하게 매몰되지는 않았는가? 그러나 아무리 세속화된 세계라 할지라도 거룩한 것에 대한 그리움은 사라지지 않는다. 어쩌면 세속화가 짙어질수록 거룩한 것에 대한 추구는 더욱 깊어질 수 있다. 인간의 한계를 부인할 수도 없고, 초월에의 희구를 외면할 수 없기 때문이다.

이미 세속화된 세계에서 복음적인 영성은 무엇인가를 물어야 한다. 예수 그리스도 안에서 만물을 거룩하게 하시는 복음적인 영성을 꿈꾸어야 한다. 거기에는 성속이분법(聖俗二分法)은 없다. 하나님이 깨끗하다고 하신 것을 사람이 속되다 할 수 없다. 비록 산 속에 있어도 만물을 거룩하게 하시고 만물을 새롭게 하시는 하나님의 거룩에 사로잡히지 않는다면, 거룩과는 거리가 멀다. 그렇지만 시장 한가운데서도 만물을 거룩하게 하시고 만물을 새롭게 하시는 하나님과 함께 산다면 참다운 거룩을 누리며 살게 된다. 외견적인 문제가 아니다. 예수 그리스도 안에서, 성령의 역사하심 안에서 세속화(世俗化)의 무신성(無神性)은 설 자리가 없다. 하나님의 절대를 만나면서 진정한 거룩이 회복되는 것이다.

보통 수도원이나 수도 공동체의 공동생활을 위해 보통의 일상

생활에서 일단 일탈(逸脫, 벗어남)을 하게 된다. 그러나 그 일탈을 성속이분법적인 생각으로 해서는 안 된다. 만약에 그런 생각으로 일탈을 꿈꾼다면 그건 '세상 밖으로 나가는 일'과 같이 되어 자신들만의 '게토(ghetto)'를 만드는 게 될 것이다. 수도원이나 수도 공동체는 현실에서의 거룩을 추구해야 한다. 만물을 새롭게 하고 거룩하게 하는 하나님의 도구가 되어야 한다. 비록 봉쇄 수도원이라 할지라도 그렇다. 봉쇄 수도원에서도 현실 세상과 소통을 위한 특별한 장치를 가지고 있다. 무엇보다도 이른바 세속 세상이라고 불리는 곳도 하나님의 영역이다. 하나님의 현실이다. 하나님의 사랑과 마찬가지로 햇볕이 악인과 선인에게 고루 비치듯이 하나님의 거룩이 미치지 않는 곳은 없다.

IV. 네 번째 대화 자료 : 수도와 수도 공동체의 목적에 관하여

대부분의 수도원이나 수도 공동체의 규칙에는 수도와 수도 공동체의 목적을 분명히 진술하고 있다. 규칙은 없어도 불문율적으로 너무나도 자연스럽고 당연하게 인정되는 목적도 있다. 크게 두 흐름이 있다. 궁극적으로 하나님 사랑, 이웃 사랑을 목적 삼는 것과 궁극적으로 신화(神化, Deification)를 목적 삼는 것이다. 전자는 주로 서방 카톨릭교회에 속한 수도원의 전통이고, 후자는 주로 동방 정교회에 속한 수도원의 전통이다. 서방 전통은 매우 실천적이고, 동방 전통은 매우 신비적이라 하겠다. 조금만 주의를 기울여도 서방 카톨릭교회의 수도원과 동방 정교회의 수도원이 너무 다르다는 것을 느끼게 되는데 그 근본적

인 까닭은 여기에 있겠다. 물론 거기에는 아주 뚜렷한 나름대로의 신학적인 배경이 자리하고 있다.

　새로운 개신교 수도원이나 수도 공동체를 세울 때, 그 목적을 어떻게 정할 것인가? 위에서 말한 두 전통 중에 하나를 택하여 설 것인가? 아니면 두 전통을 적절하게 통합할 것인가? 아니면 새로운 전통을 만들 것인가? 만약 그렇게 한다면, 각 경우에 가장 합당한 모습은 어떻게 나타날 것인가? 이런 논의에서 신학적인 판단과 더불어 각 교회의 가장 현저한 특징을 고려하는 것도 필요하다. 비교적인 관점에서 보면, 각 교회를 그 교회답게 하는 뚜렷한 특징들이 있다. 이것은 서로가 공감하는 것이기도 하다. 즉 개신교회는 '말씀'이 강하고 카톨릭교회는 '성례전'이 강하고 정교회는 '부활 현존'이 강하다고 한다. 물론 이 말은 개신교 교회 안에는 성례전이나 부활 현존이 없고, 카톨릭교회에는 말씀과 부활 현존이 없다거나, 정교회에는 말씀과 성례전이 없다는 뜻이 아니다. 다 있지만 그런 부분이 그 교회에 더 또렷이 나타난다는 말일 뿐이다. 이런 것을 깊이 검토하고 실천하는 중에 새로운 궁극적인 목적을 발견하고 매진하게 될 것이다.

　궁극적인 목적이 같다고 해도 실천적이고 구체적인 목적이 다 같지는 않다.

　'하나님 사랑, 사람 사랑'에 서 있는 서방 수도원도 구체적이고 실천적인 목적이 서로 다르기 때문에 거의 다른 모습의 수도 공동체나 수도원이 되기도 한다. 이점은 '신화(神化) / Deification'를 궁극적인 목적으로 삼는 동방 정교회의 수도원에서도 마찬가지이다. '하나님 사랑,

사람 사랑', '신화(神化)'의 영역이 그만큼 다양하고, 그 실현하는 길 또한 다양함을 가르쳐 준다. 고아들을 돌보는 것은 '하나님 사랑, 사람 사랑'에서나 '신화'에서나 똑같이 중요한 수도 행위다. 이는 서방 카톨릭 수도원에서나 동방 정교회 수도원에서나 드러나는 모습은 비슷하다. 그러나 그 수도 행위의 궁극적인 의미는 다르다. 전자는 '하나님 사랑, 사람 사랑'의 의미에서 하는 것이고, 후자는 '신화'의 과정으로 하는 것이다. 그렇지만 고아를 돌보는 것과 학문적 봉사를 하는 것은 같은 '하나님 사랑, 사람 사랑'에서나, 같은 '신화(神化)'에서나 서로 다른 모습으로 나타난다. 실천적 목적이 다르기에 그 모습도 다르게 나타나는 것이다. 그러나 그 수도행위의 궁극적인 의미는 같은 것이다. 둘 중 무엇이든지 같은 의미를 가진다.

한 가지 깊이 숙고해야 할 것이 있다. 수도원과 수도 공동체 운동이 교회 개혁의 과제에 미치는 영향이다. 수도원의 역사를 보면 수도원은 대개 그 시대의 교회를 개혁하고 새로운 영성을 공급하는 역할을 해 왔다. 그래서 새로운 수도원이나 수도 공동체 운동을 시작하면서 교회 갱신이나 개혁을 목적으로 생각하는 경우가 있을 수 있다. 그러나 수도원이나 수도 공동체 운동이 교회 개혁을 일으키거나 교회 개혁에 영향을 미친 것은 그들의 수도 운동의 결과이지 목적은 아니었음을 생각해야 한다. 처음부터 교회 개혁을 목적으로 생겨난 수도원과 수도 공동체는 거의 없다고 하겠다. 그리고 역사적으로 볼 때 수도원이나 수도 공동체가 개혁의 대상이 되는 경우도 많이 있었음을 깊이 생각해 보아야 한다. 하나님 앞에 정직하게 서는 끊임없는 영성적 각성, 영성적 갱신,

영성적 개혁이 없이는 수도원이나 수도 공동체도 제 사명을 감당할 수 없다. 수도원이나 영성 운동은 성령의 도우심으로 자정능력을 가져야 하고, 하나님 앞에 엎드리는 순명 속에 자기개혁을 지속적으로 해야 한다. 거기에서 수도원이나 영성 운동은 자연스럽게 시대적인 소명을 감당하면서 그 영향력을 교회와 사회에 미치게 되는 것이다.

V. 다섯 번째 대화 자료 : 수도 공동체의 형태에 관하여

수도의 형태에 따라 다른 모습의 수도원이나 수도 공동체가 될 수 있다. 봉쇄 수도원의 형태가 있고, 일반적인 수도원도 있다. 봉쇄 수도원과 일반적인 수도원이 혼합되어 있는 형태도 있을 수 있다. 독신 남성만의 수도원이나 수도 공동체 운동, 독신 여성만의 수도원이나 수도 공동체 운동, 또는 혼성의 수도원이나 수도 공동체 운동도 있다. 결혼의 허용 여부도 중요한 변수이고, 가정 단위로 가입하는 가족 수도 공동체도 있다. 일반 직업을 가질 수 있느냐는 것도 중요한 쟁점이 된다. 재가(在家) 수도회도 하나의 대안이 될 수 있다.

어떤 수도의 형태를 따르든 기본적인 훈련은 소중하다. 수도 형태가 다양해도 수도의 기본은 크게 차이가 없다. 이를테면 '기도와 노동', '말씀과 묵상', '예전과 찬양', '섬김과 나눔', '비움과 낮아짐', '침묵과 대화', '배려와 중보', '내적 치유와 자유', '인내와 표현', '평안과 기쁨', '친절과 선함', '내어 맡김과 기다림', '공동체의 예절', 이 모든 것을 아우르는 '청빈, 순결, 순종' 등이다. 이 모든 것의 토대가 되는 것은 '대속의

은총에 대한 고백과 감격', '주님의 다시 오심을 기다리는 종말 대망의 희망'이다. 그리고 이 모든 것을 가능하게 하는 성령님의 교통하심으로 이루어지는 진솔한 마음과 열린 마음의 대화이다.

부록 2

'탐방 여행, 역사와 영성
(Geschichte und Spiritualität)' 일정

-(2004. 5. 30-6. 12.)

제1일(5월 30일) / 제주에서 목회하는 목사님 일곱 분(김민, 박재홍, 이덕희, 김웅창, 신장수, 황호민, 서성환)과 출판사 예영커뮤니케이션 김승태 사장님이 인천에서 홍콩 국적 비행기 Cathay Pacific을 타고 홍콩 경유하여 독일 프랑크푸르트로 향함

제2일(5월 31일) / 아침 6시에 프랑크푸르트에 도착하여 9인승 차를 빌려서 본격적인 여행이 시작됨. 다름슈타트(Darmstadt)의 옛 성도 집에서 아침 식사를 대접받고, 다름슈타트에 있는 기독교마리아자매회를 방문함(기독교마리아자매회는 1949년 마더 바실레아 슐링크와 마다우스에 의해 설립된 개신교 여성 수도회로 현재 세계 20여 개국에서 온 120명 여성들이 함께 주님을 따르고 있음.) 한국인 자매 두

분의 자세한 안내를 받음. 오후에 종교 개혁자 루터가 신성로마제국 제국 의회에서 재판을 받은 보름스(Worms)를 방문. 보름스 돔과 루터가 재판받던 자리(건물이 무너져 폐허가 됨)와 개혁자들의 동상 공원을 돌아봄. 그리고 숙소인 하이델베르크(Heidelberg)에 도착하여 하이델베르크 야경을 돌아봄.

제3일(6월 1일) / 마울브론(Maulbronn) 수도원(중세 시토(Zisterzienser)수도원으로 시작되었으나 종교 개혁 시대에 지도자를 양성하기 위한 학교로 바뀐 곳. 헤르만 케플러, 횔더린, 헤세, 뫼리케 등을 배출. 유네스코 세계 문화유산에 등록된 중세 수도원을 전형을 볼 수 있는 곳)을 방문함. 수도원 학교 원장님과 수도원 교회 담임목사님의 자세한 안내를 받음. 이례적으로 마울브론수도원 학교 원장님으로부터 학교의 구석구석을 소개받음. 마울브론에서 시간이 너무나 지체되어 종교 개혁자 칼빈이 3년간 목회했던 스트라스부르크(Strassburg)와 알자스 로렌지방의 문화의 정수 콜마(Colma)를 지나쳐서 프랑스 떼제(Taizé)에 밤늦게 도착함.

제4일(6월 2일) / 떼제(1940년에 로제 형제에 설립된 남성 독신 수사들의 초교파적 공동체, 세계 여러 나라에서 온 90여명의 수사들의 공동체)에서 아침 공부와 정오 기도회에 참여함. 오후에 끌뤼니(Cluny) 수도원(중세를 이끌었던 최대의 수도원, 프랑스 혁명 때 완전히 파괴됨, 현재는 수도사들의 방이 프랑스 국립 종마장의 마구간으로 쓰임) 방문. 오후에 떼제로 돌아와 유럽 연합팀(영국, 스페인, 독일, 네덜란드)과 축구함(6:5로 이김). 밤에 떼제공동체 기도회에 참여함(약 3천 명 참여)

제5일(6월 3일) / 새벽에 떼제를 떠나 스위스 제네바 WCC(세계 기독교교회협의회 : 세계 개신교회의 다양성 속에서 일치와 협력을 추구하는 세계 최대의 개신교 협의회) 본부를 방문함. 이어 개혁자 칼빈이 목회하던 성 베드로 성당(쌍 피에르)과 아카데미를 방문, 칼빈의 사역을 기림. 제네바 대학 구내에 있는 개혁자 공원의 부조 기념물을 둘러보고, 칼빈의 묘소를 찾아 봄. 제네바에서 레만호를 돌아 위에모(Hemoz)에 있는 라브리공동체(1952년 프란시스 쉐퍼 목사에 의해 시작된 의미를 찾는 이들의 오두막 공동체) 발상지를 둘러봄. 알프스의 절경을 보며 산을 넘어 밤에 인터라켄(Interlaken) 숙소에 도착.

제6일(6월 4일) / 취리히로 향하여 가다가 일정을 변경하여 융프라우 산(Mt. Jung Frau)을 보러 감. 산악 기차와 케이블카를 타고 눈 덮힌 높은 산에 올라가서 눈 위에서 유럽 교회의 부흥과 한국 교회와 제주 복음화와 각 교회를 위해서 부르짖어 기도함. 취리히(Zürich)에 도착하여 쯔빙글리가 목회를 통해 개혁하던 취리히 그로스뮌스터(Gross Münster)교회를 방문함. 이어 샤갈의 스테인드글라스가 유명한 프라운(Fraun)교회를 방문함. 독일로 향하던 중 라인강이 시작되는 라인 폭포(Rhein Fall)의 장관을 보고, 독일 비츠(Bitz)에 있는 옛 교우의 집에서 환대받음.

제7일(6월 5일) / 키르히베르크수도원(Kloster Kirchberg, 목회하는 개신교 목사님들과 평신도들이 세운 일종의 재속 수도원)방문. 튀빙엔(Tübingen)에서 원로 교수 오토 베츠(Otto Betz) 교수의 쉬베비쉬 경건주의(Schwäbisch Pietismus) 강연을 듣고 많은 대화를 나눔.

튀빙엔 고성과 대학을 둘러보고 베벤하우젠(Bebenhausen)수도원을 둘러봄. 슈투트가르트(Stuttgart)에 도착하여 여장을 풀고 다시 마울브론수도원의 음악 예전에 참석함.

제8일(6월 6일) / 슈투트가르트 한인 교회에 예배드리러 가기 전, 슈투트가르트 중심에 있는 뷔르템베르크 주의 모교회인 스티프트(Stift)교회를 방문하고 독일의 대안 학교인 발트도르프(Waldorf)학교 방문. 슈투트가르트 한인 교회에서 예배드리고, 옛 교우들과 반가운 만남. 괴핑엔(Göppingen)한인교회에 예배드리러 가는 길에 화석 박물관과 불름하르트 목사 묘소와 아카데미하우스, 유니테리안형제단 방문. 괴핑엔한인교회에서 주일 설교함. 옛 교우들과 감격의 예배 후 식사 대접 받음. 받볼(Bad Boll) 축구장에서 축구 시합을 해서 승리함. 옛 교우 집에서 잠.

제9일(6월 7일) / 괴핑엔 성도들이 차려준 새벽밥을 먹고 로텐부르크 옵 데어 타우버(Rothenburg ob der Tauber ; 독일 중세 도시가 그대로 보존된 관광 도시)에 감. 아이젠나흐(Eisenach)에 가서 루터가 보름스 국회에서 돌아오는 중, 암살을 염려한 프리드리히 선제후에 의해 약 1년간 비밀리에 연금되어 기사로 행세하며 성경을 라틴어에서 독일어로 번역한 바르트부르크(Wartburg) 성을 방문함.

제10일(6월 8일) / 아이제나흐에서 루터하우스(루터가 학생때 살던 집을 박물관과 성서 까페로 씀)와 바흐하우스(음악가 J.S.Bach의 생가에 만든 음악 박물관)를 방문함. 에르푸르트(Erfurt)로 이동하여 루터가 수도사로 수도 생활을 하고 신부로 서품받은 어거스틴파 수도원을 방문. 이 수도원은 루터의 신앙과 사상의 요람과 같은 곳임. 루터 도시 비텐베르크(Wittenberg)로 이동하여 여장을 풀고 비텐베르크 시를 한 번 돌아봄. 다시 축구 시합을 하여 승리함.

제11일(6월 9일) / 비텐베르크의 슐로스키르헤(Schlosskirche) 방문. 이 교회 정문에 1517년 10월 31일, 95개조 논제를 붙이고 종교 개혁의 횃불을 들었고, 이 교회 안에 루터의 묘와 평생의 동역자 멜랑히톤의 묘가 있음. 또한 루터가 성서를 연구하다가 복음을 체험한 종탑에 올라감. 그 종탑에서 뜨겁게 기도함. 루터가 평생토록 설교한 슈타트키르헤(Stadtkirche)를 방문함. 이 교회에서 처음으로 복음적인 설교가 행해짐. 개혁의 중심에 서 있던 비텐베르크 대학을 지나 루터하우스(루터가 살고 일했던 저택을 박물관으로 만든 곳)를 방문하고, 루터가 교황의 파문장을 불태운 루터아이히(Luthereiche)를 돌아보고 프라하로 출발. 교통의 지체로 인해 드레스덴(Dresden) 통과를 포기하고 아름다운 산길과 들길을 지나 프라하(Praha)에 밤늦게 도착. 국경 통과 때 한국동포들을 만나 동행함. 프라하한인교회 손님방에 숙소를 정하고 늦은 밤에 체코에서 10년 넘게 사역한 이종실 목사님에게서 '체코 교회의 역사'를 소개받음. 체코의 종교 개혁의 태동과 성장과 좌절의 역사를 듣고 체코 교회의 미래와 과제, 그리고 체코에서의 선교에 대해 의견을 나눔.

제12일(6월 10일) / 프라하 시내를 돌아봄. 프라하 성 광장과 대통령 궁과 비트대성당, 황금 소로, 니콜라우스 성당과 말타자르 기사단 본부 등을 거쳐 카를 대교를 건너 구 시가지를 둘러봄. 체코 종교 개혁의 출발지가 되었던 베들레헴 집회소를 방문하고 체코 종교 개혁자 얀 후스의 동상이 서 있는 구시가지 광장을 돌아봄. 숙소로 돌아와 잠시 휴식을 취하고 저녁 식사를 하고 프랑크푸르트로 출발함.

제13일(6월 11일) / 밤에 프랑크푸르트로 이동 중 새벽 2시에 독일 일스호펜(Ilshofen)에 있는 옛 교우 집에서 7시까지 자고, 아침 식사를 대접받고, 프랑크푸르트에 도착하여 귀국 비행기를 탐

제14일(6월 12일) / 홍콩과 인천을 경유하여 제주에 도착하여 여행을 마침. 하나님께 감사와 영광을!